René Pierre Moch

IT-Governance und Sarbanes-Oxley

ITIL und COBIT als Mittel zur Umsetzung regulatorischer Anforderungen

Moch, René Pierre: IT-Governance und Sarbanes-Oxley: ITIL und COBIT als Mittel zur Umsetzung regulatorischer Anforderungen, Hamburg, Igel Verlag RWS 2014

Buch-ISBN: 978-3-95485-173-7
PDF-eBook-ISBN: 978-3-95485-673-2
Druck/Herstellung: Igel Verlag RWS, Hamburg, 2014

Bibliografische Information der Deutschen Nationalbibliothek:
Die Deutsche Nationalbibliothek verzeichnet diese Publikation in der Deutschen Nationalbibliografie; detaillierte bibliografische Daten sind im Internet über http://dnb.d-nb.de abrufbar.

© Igel Verlag RWS, Imprint der Diplomica Verlag GmbH
Hermannstal 119k, 22119 Hamburg
http://www.diplomica.de, Hamburg 2014
Printed in Germany

Inhaltsverzeichnis

Abbildungsverzeichnis

Tabellenverzeichnis

Abkürzungsverzeichnis

AktG	Aktiengesetz
ARIS	Architektur integrierter Informationssysteme
BPR	Business Process Reengineering
BSI	Bundesamt für Sicherheit in der Informationstechnik
CAB	Change Advisory Board
CCTA	Central Computer and Telecommunications Agency
CEO	Chief Executive Officer
CFO	Chief Financial Officer
CI	Configuration Items
CIM	Computer Integrated Manufacturing
CIO	Chief Information Officer
CMDB	Configuration Management Database
COBIT	Control Objectives for Information and Related Technology
COO	Chief Operating Officer
COSO	Committee of Sponsoring Organizations of the Treadway Commission
CRM	Customer Relationship Management
CTO	Chief Technical Officer
DCGK	Deutscher Corporate Governance Kodex
DIN	Deutsches Institut für Normung
DOL	US Department of Labor
DRSC	Deutsches Rechnungslegungs Standards Committee
DSL	Definitive Software Library
DSR	Deutscher Standardisierungsrat
EBSA	Employee Benefits Security Association

EDV	Elektronische Datenverarbeitung
ERISA	Employee Retirement Income Security Act
GAO	Government Accountability Office
GCCG	German Code of Corporate Governance
HGB	Handelsgesetzbuch
HP	Hewlett Packard
HTTP	Hypertext Transport Protocol
ICT	Information and Communications Technology
IM	Informationsmanagement
ISACA	Information Systems Audit and Control Association
ISO	International Organization for Standardization
ISP	Internet Service Provider
IT	Informationstechnik
ITGI	Information Technology Governance Institute
ITIL	Information Technology Infrastructure Library
ITSM	IT-Service Management
ITSMF	IT-Service Management Forum
KonTraG	Gesetz zur Kontrolle und Transparenz im Unternehmensbereich
KPI	Key Performance Indicator
KPMG	Klynveld, Peat, Marwick & Goerdeler
LAN	Local Area Network
MOF	Microsoft Operations Framework
OGC	Office of Government Commerce
OLA	Operative Level Agreement
PCAOB	Public Company Accounting Oversight Board
QM	Qualitätsmanagement

RFC	Request for Change
SCM	Supply Chain Management
SEC	US Securities and Exchange Commission
SLA	Service Level Agreement
SOX	Sarbanes-Oxley Act
TQM	Total Quality Management
TransPuG	Transparenz und Publizitätsgesetz
UC	Underpinning Contract
WAN	Wide Area Network
WWW	World Wide Web

1 Einleitung

1.1 Vom IT-Qualitätsmanagement zur IT-Governance in Unternehmen

Das IT-Qualitätsmanagement hat mit wachsendem Einsatz von Informationstechnologie in der Wirtschaft und den damit verbundenen ökonomischen Herausforderungen[1] enorm an Bedeutung gewonnen. Die Geschäftsprozesse der Informationstechnik (IT) haben sich als wesentliche Erfolgsfaktoren organisatorischer Gestaltungsmaßnahmen etabliert[2] und stehen daher unter einem permanenten Anpassungsdruck hinsichtlich ihrer Effektivität und Effizienz. Der Blickwinkel der Organisationsbemühungen verschiebt sich dabei fortwährend in Richtung aktueller und zukünftiger Geschäftskonzepte wie Electronic Commerce, Customer Relationship Management (CRM) und Supply Chain Management (SCM). Das Wissen über die Geschäftsprozesse und ihrer Architekturen kann somit als erfolgskritische Ressource interpretiert werden, die das Management von Geschäftsprozesswissen in den Mittelpunkt rückt.[3]

Eine von Geschäftsprozesswissen losgelöste Betrachtung des prozessorientierten Qualitätsmanagements (QM) ist praktisch kaum möglich. Vielmehr liegt es auf der Hand, die Bemühungen des IT-Qualitätsmanagement weitestgehend an die Geschäftsprozesse der Unternehmen auszurichten[4], um den Anforderungen der Qualitätssicherung in der Praxis gerecht zu werden.[5] Dabei muss besonderes Augenmerk auf die Geschäftsprozesse der jeweiligen IT-Abteilungen gelegt werden, die ihre unternehmensinterne Monopolstellung längst zugunsten komplexer Kunden-Lieferanten-Beziehungen verloren haben. Die IT-Abteilung tritt somit unweigerlich in den Wettbewerb mit externen Anbietern; die bestehenden Marktmechanismen müssen

---

[1] Im Zuge von E-Commerce, Globalisierung und Outsourcing sehen sich Unternehmen heute mit einer potenziell weltweiten Konkurrenz im Wettbewerb, wodurch die Anforderungen an bereichsübergreifende IT-Dienstleistungen und IT-Projekte einem stetigen Veränderungsprozess hinsichtlich ihrer serviceorientierten Abwicklung unterliegen. Vgl. hierzu Brenner et al. (2003), S. 66.

[2] Vgl. hierzu Scheer (1997), S. 10ff.

[3] Vgl. Habermann (2001), S. 5.

[4] Vgl. hierzu Brenner et al. (2003), S. 66.

[5] In der Praxis finden die Methoden des Qualitätsmanagement oft nur unzureichend Anwendung, was bspw. zu Problemen in sämtlichen Phasen eines Produktlebenszyklus führen kann. Eine der möglichen Ursachen kann an dieser Stelle die nicht konsequente Ausrichtung an die Geschäftsprozesse sein.

uneingeschränkt vorausgesetzt werden.[6] Die Entwicklung zu einem service- und kundenorientierten IT-Dienstleister bildet dabei den zentralen Kern eines strategischen Transformationsprozesses (s. Abb. 1-1).

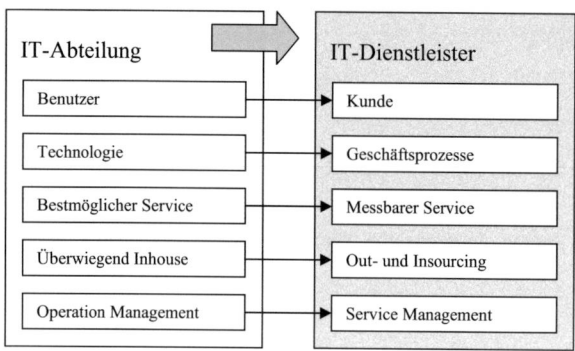

Abb. 1-1: Entwicklung der IT-Abteilung zum IT-Dienstleister[7]

Standards der IT können diesen Wandel entscheidend unterstützen, da sie die kostensparende Wiederverwendung bereits vorhandenen Know-hows bei der Konstruktion unternehmensspezifischer Modelle ermöglichen.[8] Vor diesem Hintergrund hat sich die IT Infrastructure Library (ITIL) in den letzten Jahren als de-facto Standard für das IT-Qualitätsmanagement herauskristallisiert. Von der britischen CCTA (Central Computer and Telecommunications Agency)[9] konzipiert und entwickelt, bildet sie einen „ ... Leitfaden zur effizienten Organisation interner IT-Service-Prozesse.“[10] Vorrangig sollten dabei die langfristige Reduzierung von Kosten bei gleichzeitiger Verbesserung der Qualität der IT-Dienstleistungen erreicht werden.[11] Die wachsende Akzeptanz des ITIL-Framework beruht dabei auf der Integration von allgemein anerkannten Best-Practice-Methoden[12] zur Optimierung service- und kundenorientierter

---

[6] Vgl. hierzu genauer Hochstein et al. (2004), S. 382.

[7] In Anlehnung an Lingg; Scheuring (2003), S. 24.

[8] Vgl. weiterführend Becker (2004); S. 325.

[9] Die CCTA hat als Dienstleistungsorganisation der britischen Regierung die Aufgabe, öffentliche Dienstleistungen der britischen Regierung mithilfe der Informationstechnologie zu optimieren. Die CCTA arbeitet heute unter ihrem neuen Namen OGC (Office of Government Commerce), http://www.ogc.gov.uk

[10] Diercks (2004), S. 36.

[11] Vgl. Diercks (2004), S. 36.

[12] Hochstein et al. (2004), S. 383, betrachten ITIL dagegen als Common-Practice-Referenzmodell.

Geschäftsprozesse. Diese können mit ITIL gezielt und strukturiert an sich verändernde Bedingungen angepasst werden.[13] Eine Kombination mit weiteren Standards erscheint in der Praxis dabei durchaus sinnvoll.

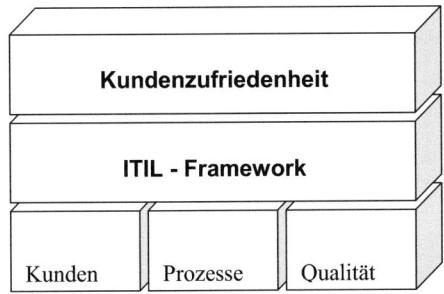

Abb. 1-2: Die Bausteine des IT-Qualitätsmanagements mit ITIL[14]

Im Zuge der aktuellen Entwicklungen im Bereich der IT-Governance gewinnt das IT-Qualitätsmanagement jedoch eine zusätzliche Dimension. Im Mittelpunkt steht dabei der Bedarf nach konsequenter Umsetzung einer IT-Governance Strategie, die als integraler Teil der Unternehmensführung die gewünschte Ausrichtung der IT an die Geschäftsprozesse des Unternehmens vornimmt.[15] Die Anforderungen und Möglichkeiten des IT-Qualitätsmanagements erscheinen geeignet, die Realisierung von IT-Governance im Rahmen einer unternehmensweiten Corporate Governance Strategie zu unterstützen. Im Mittelpunkt steht die unbedingte Forderung, den korrekten Informationsfluss innerhalb der Unternehmensstrukturen mit den zur Verfügung stehenden Mitteln zu garantieren. Wesentliche Aspekte sind dabei die Gewährleistung der Qualität der erbrachten IT-Dienstleistungen (IT-Services) und Minimierung der IT-bedingten Risiken, die bei der Leistungserstellung entstehen. Dies entspricht gerade den wesentlichen Anforderungen, welche die IT-Governance an den Umgang mit Informationstechnik in den Unternehmen stellt.

Die Motivation zur effektiven Umsetzung der IT-Governance wird in erster Linie durch die wirtschaftsrechtlichen Entwicklungen der letzten Jahre angetrieben. In besonderem

---

[13] Vgl. hierzu Becker et al. (2002), S. 10.

[14] In Anlehnung an Köhler (2005), S. 23.

[15] Vgl. hierzu Köhler (2005), S. 261.

Maße hebt sich dabei der im Jahr 2002 in den USA verabschiedete Sarbanes-Oxley Act of 2002 (SOX) hervor, der weitreichende Konsequenzen für die Konzernrechnungslegung hat und dafür explizit die Umsetzung von Corporate Governance verlangt. Besondere Relevanz kommt in diesem Kontext den SECTIONS 302 und 404 zu, welche die Geschäftsleitung in die Haftung für ihre Jahresabschlüsse nehmen und zur Implementierung interner Kontrollmechanismen für die Finanzberichterstattung verpflichten. Die IT muss hierbei einen wesentlichen Beitrag zur Konformität mit den neuen Bestimmungen leisten.

1.2 Motivation und Zielsetzung der Arbeit

Die Praxis des IT-Qualitätsmanagements zeigt, dass Implementierung und Umsetzung einer IT-Governance in Unternehmen komplexe Aufgaben darstellen und IT-Manager vor große Herausforderungen stellen. Die notwendigen Anpassungen der Geschäftsprozesse und strategischen Umstrukturierungen ganzer Organisationseinheiten müssen präzise geplant und nach genau definierten Vorgaben umgesetzt werden. Im Rahmen dieser Arbeit soll hierfür untersucht werden,

- inwieweit sich die Bestimmungen des Sarbanes-Oxley Act auf die IT-Governance auswirken

und

- inwiefern IT-Governance unter Berücksichtigung des Sarbanes-Oxley Act mit dem ITIL-Framework und dem COBIT-Referenzmodell umgesetzt werden kann.

Die vorliegende Arbeit stützt sich dabei auf den Grundgedanken, dass Standards des IT-Qualitätsmanagement wertvolle Methoden und Prozesse zur Verfügung stellen, die zur Umsetzung von IT-Governance beitragen können. In diesem Zusammenhang spielt die Ausrichtung von Geschäftsprozessen eine zentrale Rolle, so dass eine Annäherung an die Thematik aus prozessorientierter Sicht vorgenommen wird. Elementarer Gegenstand der Untersuchung ist das Aufzeigen der Möglichkeiten und Grenzen dieser Standards.

1.3 Aufbau der Arbeit

Kapitel 1 der vorliegenden Arbeit bietet eine Einleitung in die Thematik aus Sicht des IT-Qualitätsmanagements und stellt die Verbindung zur Umsetzung von IT-Governance her, die insbesondere durch den Sarbanes-Oxley Act of 2002 motiviert wird. IT-Governance wird dabei als integraler Bestandteil der unternehmensweiten Corporate Governance Strategie betrachtet und verlangt somit die Konformität der Informationstechnik mit den Anforderungen der aktuellen gesetzlichen Bestimmungen.

Kapitel 2 beschäftigt sich mit den komplexen Beziehungen zwischen der Informationstechnik und den Geschäftsprozessen innerhalb eines Unternehmens und liefert dafür eine Einführung in das IT-Qualitätsmanagement aus prozessorientierter Sicht. Zentraler Aspekt ist hierbei die Unterstützung der Geschäftsprozesse durch die Informationstechnik, die als notwendige Basis für die Umsetzung von IT-Governance betrachtet wird.

Gegenstand des dritten Kapitels ist der Sarbanes-Oxley Act of 2002 und seine Auswirkungen auf die IT-Governance. Es wird hierfür gezeigt, dass IT-Governance einen festen Bestandteil der Corporate Governance darstellt und für die Konformität mit dem Sarbanes-Oxley Act unerlässlich ist. Kapitel 3 gibt einen Überblick über die Paragraphen des Sarbanes-Oxley Act und stellt diejenigen Inhalte ausführlich vor, aus denen sich eine unmittelbare Relevanz für die Informationstechnik ergibt.

Kapitel 4 beschreibt mit ITIL und COBIT ausgewählte Standards des IT-Qualitätsmanagements, welche die Umsetzung von IT-Governance wesentlich unterstützen können. Sie stellen wichtige Prozesse und Best-Practice Methoden zur Verfügung, mit denen die Informationstechnik im Rahmen des IT-Qualitätsmanagements effektiv auf die Geschäftsprozesse des Unternehmens ausgerichtet werden kann. Neben dieser strategischen Ausrichtung ist die Minimierung der IT-bedingten Risiken ein wesentlicher Aspekt der Betrachtung, da sie eine zentrale Forderung der IT-Governance darstellt. In diesem Zusammenhang werden Möglichkeiten und Grenzen der genannten Standards hinsichtlich der Konformität mit dem Sarbanes-Oxley Act aufgezeigt.

Kapitel 5 schließt die vorliegende Arbeit mit einer Zusammenfassung ab.

2 Prozessorientiertes IT-Qualitätsmanagement

2.1 Begriffe und Definitionen

2.1.1 Begriff Qualität

Der Begriff der Qualität besitzt bis heute lediglich allgemein gehaltene Definitionen und bedarf daher noch immer einer mehrdimensionalen Interpretation. In Unternehmen wird das Verständnis des Qualitätsbegriffs offensichtlich von zahlreichen Faktoren bestimmt, darunter auch die Bezugnahme auf den jeweiligen Tätigkeitsbereich. Je nach interpretierender Zielgruppe werden mit Qualität daher häufig die Attribute

- Zufriedenheit (Kundenzufriedenheit, eigene)

- Zuverlässigkeit

- Fähigkeit / Kompetenz

- Eignung

- Lebensdauer

- Verarbeitung

- Ausstattung

- Ästhetik

- Verständlichkeit

- Einfache Handhabung

- Service / Dienstleistung

in Verbindung gebracht.[16] In die Menge dieser Attribute lässt sich unter dem Hintergrund eines stetig wachsenden Sicherheitsbedürfnisses[17] auch der Aspekt der Sicherheit[18] einbeziehen.

---

[16] Vgl. Köhler (2005), S. 1.

[17] Insbesondere das Bedürfnis nach Sicherheit in der IT. IT-Sicherheit ist mitunter zu einem entscheidenden Einflussfaktor bei der Implementierung von Referenzmodellen zur Unterstützung der Umsetzung strategischer Unternehmensziele geworden. Eine Aussage über das Zusammenwirken von IT-Sicherheit und ITIL-Framework trifft BSI (Hrsg.) (2005), S. 8ff.

[18] Eine Definition des Begriffes Sicherheit findet sich in Eckert (2003), S. 4-5.

Je nach betrachtetem Arbeitsfeld innerhalb eines Unternehmens wird der Qualitätsbegriff entsprechend spezifischer Zielsetzungen unterschiedlich abstrahiert. Für das Informationsmanagement besitzt Qualität beispielsweise folgende Dimensionen[19]:

- Qualität der Informationen und der Informationsversorgung

- Qualität der Informationsverarbeitungssysteme und der eingesetzten Technologien

- Qualität des Betriebs der Informationsverarbeitungssysteme und der eingesetzten Technologien

- Qualität des Informationsmanagements selbst

Die Unschärfe des Qualitätsbegriffs impliziert jedoch grundlegende Schwierigkeiten sowohl bei dessen theoretischer Auslegung, als auch dessen praktischer Anwendung.[20] Da sich der Begriff Qualität auf alle wesentlichen Aspekte des menschlichen Wirkens beziehen lässt, können geeignete Definition lediglich aspektbezogen gegeben werden. Nachfolgend soll daher der Aspekt der IT-Dienstleistungen bzw. IT-Services zugrunde gelegt werden. So definiert DIN 55350/ISO 8402 Qualität als Gesamtheit der Merkmale und Merkmalswerte eines Produktes oder einer Dienstleistung bezüglich ihrer Eignung, festgelegte und vorausgesetzte Erfordernisse zu erfüllen.[21]

2.1.2 Begriff Prozess

Ein Prozess ist ein isolierter, inhaltlich abgeschlossener Vorgang[22] und kann formal betrachtet als Funktion aufgefasst werden, die einen definierten Input erwartet und durch Kombination und/oder Transformation des Inputs einen Output generiert. Der Input wird durch Eingaben charakterisiert, die in ihrer Gesamtheit und Wechselwirkung innerhalb der einzelnen Prozessschritte[23] zu einem gewünschten Ergebnis verarbeitet

---

[19] Vgl. zu nachfolgender Aufzählung Schwarze (2000), S. 341.

[20] Vgl. hierzu Brenner et al. (2003), S. 68.

[21] Dabei wird Qualität traditionell als Eigenschaft von Produkten oder Dienstleistungen interpretiert. Da Mitarbeiter, Kapitalgeber und Öffentlichkeit bei der traditionellen Sicht unberücksichtigt bleiben, dehnt das Konzept des Total-Quality-Management (TQM) den Qualitätsbegriff auf das gesamte Unternehmen aus.

[22] Vgl. Stein (1996), S. 116.

[23] Der Prozess wird hierbei der Einfachheit halber als Blackbox interpretiert.

werden. Das wertmäßige Ergebnis stellt somit den Output dar. Ein Prozess verbraucht dabei Ressourcen und verursacht daher Kosten.[24] Die wesentlichen Merkmale eines Prozesses lassen sich wie folgt zusammenfassen[25]:

- Ziel

- Aktivitäten

- Bedingungen (soziales Umfeld)

- Input (Auslöser)

- Output (Ergebnis)

- Qualität (Leistungsindikatoren)

Arbeit soll daher folgende *Definition* zu Grunde gelegt werden: Ein

Abb. 2-1: Einfache generische Darstellung eines Prozesses[26]

Prozess ist eine zeitlich-logische Abfolge von zusammenhängenden Aktivitäten, die das Ziel einer Leistungserstellung verfolgt.[27]

2.1.3 Begriff IT-Qualitätsmanagement

Für den Begriff des IT-Qualitätsmanagement existieren in der akademischen Literatur eine Reihe von Definitionen und Beschreibungen, die zum Teil aus sehr unterschiedlichen Blickwinkeln entstanden sind. Im Rahmen der vorliegenden Arbeit wird unter IT-Qualitätsmanagement die Menge aller Aktivitäten verstanden, die zur Planung, Umsetzung und Kontrolle von qualitätssichernden Prozessen in der Informationstechnik beitragen. Im Mittelpunkt der Betrachtung stehen dabei die Aspekte der Effizienz, Effektivität und Qualität der durch die Informationstechnik erbrachten Leistungen.

---

[24] Vgl. Kresse et al. (2005), S. 7.

[25] Vgl. zu nachfolgender Aufzählung Kresse et al. (2005), S. 7.

[26] In Anlehnung an Köhler (2005), S. 29.

[27] Vgl. Köhler (2005), S. 29.

Für das IT-Qualitätsmanagement aus Sicht der Prozessorientierung gelten dabei respektive die nachfolgend aufgeführten Anforderungen in Bezug auf ihre Zielsetzung innerhalb einer IT-Organisation:

- Ausrichtung der Informationstechnik auf die Geschäftsprozesse der Organisation (s. Abschnitt 2.2) zur Erreichung übergeordneter Unternehmensziele

- Optimierung der Prozesse der Informationstechnik und Maximierung des Prozessoutputs

- Minimierung der IT-spezifischen Risiken, die im Zuge der Leistungserstellung entstehen

Insbesondere für das Verständnis des ersten Punktes ist ein Einblick in den Bereich des Geschäftsprozessmanagement hilfreich.

2.2 Geschäftsprozesse

2.2.1 Begriff Geschäftsprozess

Die einschlägige Literatur dokumentiert das Bemühen um eine einheitliche Definition des Begriffs Geschäftsprozess. Er geht aus der Übersetzung des gebräuchlichen angelsächsischen Begriffs *Business Process* hervor.[28] Bei der Entwicklung einer geeigneten Definition des Begriffs liefert der klassische Prozessbegriff lediglich eine Ausgangsbasis, welche um folgende Aussagen[29] über den Geschäftsprozess aus Unternehmenssicht erweitert werden kann:

- Der Output eines Geschäftsprozesses stellt für das Unternehmen und/oder den Kunden ein Ergebnis mit messbarem Wert dar[30]

- Geschäftsprozesse werden von einem Prozessverantwortlichen gesteuert und verfolgen von der Prozessführung gesetzte Ziele

---

[28] Vgl. Scheer (1997), S. 10.

[29] Vgl. hierzu Gadatsch (2001), S. 29-30.

[30] Vgl. Lingg; Scheuring (2003), S. 18.

- Geschäftsprozesse können durch Produkte der Informationstechnik unterstützt werden[31]

- Geschäftsprozesse beschreiben Unternehmensfunktionen unter Berücksichtigung ihrer inhaltlichen und zeitlichen Abhängigkeiten[32]

- Geschäftsprozesse können sich über mehrere Aufgaben- und Tätigkeitsschritte hinweg erstrecken und sind daher mit dem Austausch von Informationen und Dienstleistungen innerhalb der Organisationsschritte verbunden[33]

- Die Aufgaben und Tätigkeiten innerhalb eines Geschäftsprozesses können über mehrere Organisationseinheiten verteilt sein[34]

- Geschäftsprozesse werden durch ein Startereignis aktiviert (Input) und ein Endereignis beendet (Output)[35]

Unter Berücksichtigung der oben getroffenen Aussagen soll im Rahmen dieser Arbeit für den Begriff Geschäftsprozess die folgende *Definition* zugrunde gelegt werden:

Ein Geschäftsprozess ist eine zeitlich-logische Abfolge von zusammenhängenden Unternehmensaktivitäten, die unter Verwendung von Informationstechnik innerhalb eines Systems von Organisationseinheiten das Ziel einer Leistungserstellung verfolgt.[36]

Die Menge der Geschäftsprozesse ist dabei durch das Unternehmen individuell festzulegen, wobei branchenspezifische Unterschiede und unternehmensspezifische Prioritäten ausschlaggebend für die Definition sind.[37]

2.2.2 Abgrenzung zu IT-Services

Geschäftsprozesse und IT-Services sind innerhalb des IT-Qualitätsmanagements nicht gleich zu setzen. IT-Services sind im Gegensatz zu Geschäftsprozessen

---

[31] Vgl. weiterführend Zarnekow et al. (2005), S. 22ff.

[32] Habermann (2001), S. 16ff. befasst sich u.a. ausführlich mit den daraus resultierenden Komplexitäts- und Kapazitätsproblemen.

[33] Vgl. Schwarze (2000), S. 147.

[34] Vgl. Domschke et al. (1997), S. 25.

[35] Vgl. Schwarze (2000), S. 147.

[36] Vgl. auch Gadatsch (2001), S. 30 und Scheer (1998), S. 3.

[37] Vgl. Nippa; Picot (1995), S. 98.

Dienstleistungen im engeren Sinne.[38] Sie werden intern durch eine IT-Abteilung oder extern durch einen IT-Dienstleister erbracht und sind auf die Unterstützung der Geschäftsprozesse der Kunden gerichtet.[39] Analog zu den Geschäftsprozessen lassen sich IT-Services in (mehrere) Teilservices zerlegen. Sie bilden daher die kleinste, sinnvoll teilbare Menge, die ein Kunde „kaufen" kann.[40]

2.2.3 Unterstützung von Geschäftsprozessen durch IT-Services

Innerhalb des Informationsmanagements (IM) hat der Begriff des Geschäftsprozesses enorm an Bedeutung gewonnen. Die Informationstechnik, in der Vergangenheit überwiegend als Technologie-Ressource betrachtet, nimmt heutzutage bei der Gestaltung von Geschäftsprozessen eine bedeutsame Rolle ein.[41]

> "The standard desire to have the IT Strategy aligned to the company strategy remains valid as ever. What is new, particularly for the enterprise, will be to have an e-Business strategy aligned to the overall company direction and goals."[42]

So können mit dem wachsenden Radius der Informationstechnik innerhalb des Geschäftsprozessmanagements auch kontinuierliche Verbesserungen übergeordneter Unternehmensprozesse angestrebt werden.[43] Allgemeine Zielsetzung dieses Bestrebens ist die nachhaltige Entfaltung der Wettbewerbsfähigkeit durch sukzessive Ausrichtung der Arbeitsabläufe an den Kundenforderungen.[44] Somit sind es auch die Anforderungen der Kunden, an denen sich der Geschäftsprozessoutput letztlich orientiert. An der Qualität des Prozessoutputs lässt sich daher die Effektivität des Geschäftsprozesses bemessen. Die Effektivität wird wiederum maßgeblich durch die Qualität des Prozessinputs determiniert.[45] Als Teilmenge aller in den Geschäftsprozess einfließenden Dienstleistungen sollen insbesondere die IT-Services unmittelbar für Effizienz und

---

[38] Als Beispiel für einen IT-Service kann hier eine Business Application genannt werden, die mit einem Help Desk gekoppelt ist. Vgl. Kresse et al. (2005), S. 6.

[39] Vgl. Kresse et al. (2005), S. 6.

[40] Vgl. Kresse et al. (2005), S. 6.

[41] Management-Konzepte wie das Business Process Reengineering (BPR) beschäftigen sich mit dem Redesign der unternehmensweiten Geschäftsprozesse mit dem Ziel, die Organisationsstruktur eines Unternehmens mithilfe der Informationstechnik zu optimieren.

[42] Gouge (2003), S. 50.

[43] Vgl. weiterführend Habermann (2001), S. 4-5.

[44] Vgl. Gadatsch (2001), S. 21.

[45] Vgl. zudem Krcmar et al. (2000), S. 205ff.

Qualität des Prozesses sorgen.[46] Entsprechend hohe Anforderungen an die jeweiligen IT-Services lassen sich aus der Relation ableiten, die in *Abbildung 2-2* verdeutlicht wird.

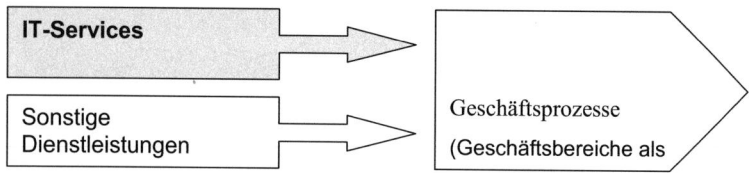

Abb. 2-2: IT-Dienstleistungen zur Unterstützung von Geschäftsprozessen[47]

Als Erbringer von IT-Dienstleistungen müssen sich interne IT-Abteilungen daher als IT-Dienstleister definieren, wodurch grundsätzlich unternehmensinterne Kunden-Lieferanten-Beziehungen entstehen. Als interner Kunde treten hierbei die Anwender der Geschäftsbereiche auf, welche die erbrachten Services zur Ausführung ihrer Geschäftsprozesse verwenden.[48] Als wesentlicher Aspekt der Geschäftsprozesse hebt sich dabei ihre Ablauflogik hervor.[49] Neben der zur Aufgabenerfüllung notwendigen zeitlichen und räumlichen Disposition der Dienstleistungserbringung erfordert sie eine Definition der unternehmensinternen Geschäftsbeziehungen. Die Gestaltung der Rahmenbedingungen dieser unternehmensinternen Beziehung ist dabei Teilaufgabe der IT-Governance.

Etablierte interne IT-Dienstleister werden nicht selten als eigenständige IT-Service-Anbieter ausgegliedert, um auch externe Märkte zu erschließen und eine Konzentration auf Kernkompetenzen zu ermöglichen.[50] Im Zuge der Ausgliederung von IT-Bereichen (IT-Outsourcing[51]) wächst so eine Marktstruktur heran, die interne und externe Anbieter

---

[46] Vgl. hierzu Zarnekow et al. (2005), S. 3-5.

[47] In Anlehnung an Zarnekow et al. (2005), S. 3.

[48] Vgl. zudem Zarnekow et al. (2005), S. 10ff.

[49] Vgl. hierzu Krcmar et al. (2000), S. 108.

[50] Hierbei handelt es sich jedoch um eine unternehmenspolitische Entscheidung, deren quantitative Bewertung sehr problematisch ist, da die exakte Definition der Kernkompetenzen in der Praxis selten eindeutig ist. Vgl. hierzu Gadatsch (2001), S. 213.

[51] Grundsätzlich stellt das Outsourcing an sich keine Idee der IT-Bereiche dar, sondern konfrontiert die Entscheidungsträger vor dem Hintergrund von « Make or Buy» mit einer klassischen betriebswirtschaftlichen Fragestellung. Vgl. hierzu auch Schwarze (2000), S. 348ff.

von IT-Dienstleistungen unmittelbar in Konkurrenz zueinander stellt. Dementsprechend erhöhen sich die Anforderungen an eine effiziente Marktstrategie seitens der Marktteilnehmer. Angesichts der reaktiv geschaffenen Marktdichte sind jedoch auch gegenläufige Trends beobachtbar.[52]

2.2.4 Architektur von Geschäftsprozessen

Unabhängig von den jeweils operierenden Geschäftsbereichen kann eine Optimierung von Geschäftsprozessen nur über intensive Betrachtung und Analyse ihrer Architekturen erfolgen. Nachfolgend sollen daher einige Aussagen getroffen werden, die für das Verständnis der Geschäftsprozessarchitektur von Bedeutung sind.

Zunächst ist eine grundlegende Unterscheidung der Geschäftsprozesse in einfache und zusammengesetzte Geschäftsprozesse möglich. Einfache Geschäftsprozesse können als Elementarprozesse aufgefasst werden, die in sinnvoller Weise nicht weiter aufgelöst werden (können). Zusammengesetzte Geschäftsprozesse entstehen durch die Kombination von bereits existenten Geschäftsprozessen, die wiederum elementar oder zusammengesetzt sein können.[53]

Je nach ihren gegenseitigen Abhängigkeiten werden die Prozesse parallel oder in Reihe organisiert und bilden in dieser Kombination einen zusammengesetzten Geschäftsprozess. Entgegen der verbreiteten Annahme lassen sich Elementarprozesse nicht zu neu generierten Elementarprozessen verschmelzen, da dies eine sinnvolle Auflösbarkeit der Struktur der einfachen Geschäftsprozesse voraussetzen würde. Dies steht jedoch im Widerspruch zu oben gemachter Aussage.

---

[52] Vgl. Zarnekow et al. (2005), S. 10.

[53] Vgl. hierzu Bernhard et al. (2004), S. 28.

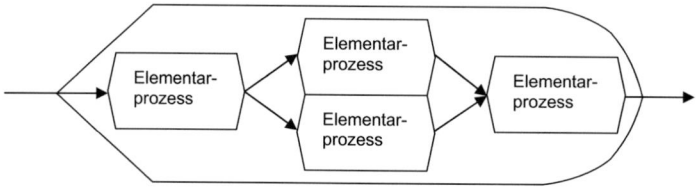

Abb. 2-3: Aus Elementarprozessen zusammengesetzter Geschäftsprozess[54]

In der Praxis hat sich eine übersichtliche und abstrakte Darstellung von Geschäftsprozessen bewährt, so dass unnötige Details mit der Zusammenfassung von Elementarprozessen nach Möglichkeit ausgeklammert werden. In umgekehrter Richtung kann ein zusammengesetzter Geschäftsprozess je nach gewünschter Betrachtungstiefe in Subprozesse zerlegt werden, wobei entweder genau ein Elementarprozess oder mindestens zwei zusammenhängend kombinierte Prozesse in einem Kontext beleuchtet werden. Ein Subprozess ist damit stets eine zusammenhängende Abfolge von Arbeitsschritten.[55]

Aus dieser Einteilung leitet sich die Erkenntnis ab, dass Geschäftsprozesse eine abgeschlossene Menge bilden. Werden demnach zwei oder mehr Geschäftsprozesse miteinander verknüpft, resultiert hieraus wiederum ein Geschäftsprozess.[56]

Geschäftsprozesse besitzen per Definition einen Input und einen Output. Der Input kann beispielsweise aus Aufgaben, Aufträgen oder quantitativen Größen wie Zahlen und Werten bestehen. Der Output liefert Dienstleistungen und Produkte, die als wertmäßiges Ergebnis interpretiert werden können. Darüber hinaus wirken auf einen Geschäftsprozess Steuerungsgrößen ein, die den Prozessverlauf positiv oder negativ beeinflussen können.[57] Als Steuerungsprozess betrachtet, können diese

---

[54] Eigene Darstellung.

[55] Zusammenhängend bedeutet i.e.S., dass ein Prozess seinen Output an den nachfolgenden Prozess als Input übergibt. Zwei parallele Prozesse können aus diesem Grund nicht als Subprozess zusammengefasst werden, obwohl sie eine Teilmenge der Gesamtprozessmenge bilden. I.w.S. existieren demnach zwischen zusammenhängenden Prozessen Kunden-Lieferanten-Beziehungen.

[56] Vgl. Bernhard et al. (2004), S. 28.

[57] Vgl. Köhler (2005), S. 29.

14

Steuerungsgrößen problemlos mit dem eigentlichen Geschäftsprozess verknüpft werden (s. Abb. 2-4).

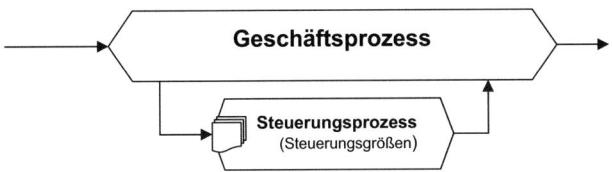

Abb. 2-4: In den Geschäftsprozess integrierte Steuerungsgrößen[58]

Als praktisches Beispiel kann ein Buchungsvorgang als Geschäftsprozess in einem Reiseunternehmen gewählt werden. Der Geschäftsprozess erwirtschaftet durch die Buchung einen Output-Wertzuwachs. Anhand der Durchlaufzeit[59] als gewählte Steuerungsgröße kann nun ermittelt werden, ob sich die Zeit, in der sich der Wertzuwachs einstellt, (tendenziell) verringert oder erhöht. Eine Störung des Buchungsvorgangs ist nun mit dieser Steuerungsgröße leicht identifizierbar, da sie eine Zeitüberschreitung während der Buchung signalisiert. Idealerweise ist die Steuerungsgröße selbst als Steuerungsprozess in den Buchungsvorgang integriert und beseitigt als Output diese Störung.

Bei Unternehmensprozessen wie der im obigen Beispiel angeführten Reisebuchung handelt es sich tatsächlich um sehr komplexe Geschäftsprozesse (vielfach zusammengesetzte Geschäftsprozesse), deren Komplexität für die Modellierung ihrer Architektur in die bereits beschriebenen Subprozesse zerlegt werden muss. In der Aufgliederung des Unternehmensprozesses zeigt sich der entscheidende Vorteil der Prozessorientierung. Aufgaben und Teilaufgaben können anhand dieser Sichtweise weitestgehend unabhängig von Hierarchiestrukturen als Elemente der Prozesse betrachtet werden.[60]

---

[58] In Anlehnung an Köhler (2005), S. 29.

[59] Krcmar et al. (2000), S. 108 nennen neben der Durchlaufzeit auch Qualität und Kosten als Kriterien zur Bewertung eines Geschäftsprozesses.

[60] Dies ermöglicht darüber hinaus eine Orientierung der Geschäftsprozessanalyse an der Wertschöpfungskette. Vgl. zudem Schwarze (2000), S. 147.

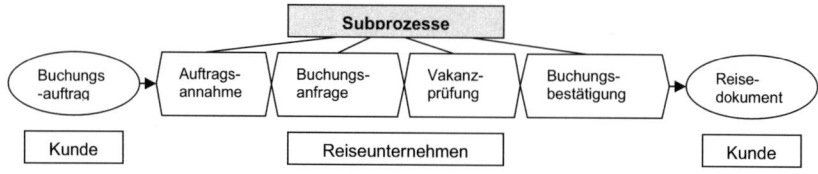

Abb. 2-5: Komplexitätsreduktion durch Bildung von Subprozessen[61]

Den Grundgedanken der Komplexitätsreduktion von Geschäftsprozessen greift auch das Konzept „Architektur integrierter Informationssysteme (ARIS)" in ähnlicher Weise auf (vgl. Abb. 2-6, S. 18). Das ARIS-Konzept entwickelt ein Modell für Unternehmensprozesse und teilt es in verschiedene Sichten auf, um diese wiederum durch spezifische Methoden beschreiben zu können.[62] Die Zusammenfassung von Begriffsklassen und ihren Beziehungen zu Sichten erleichtert die Strukturierung und vereinfacht somit das gesamte Geschäftsprozessmodell.[63] Dabei werden folgende Klassen im Meta-Geschäftsprozessmodell unterschieden[64]:

- Umfelddaten des Geschäftsprozesses

- Start- und Ergebnisereignisse

- Nachrichten

- Funktionen

- Menschliche Arbeitsleistung

- Maschinelle Ressourcen und Computer-Hardware

- Anwendungssoftware

- Leistungen in Form von Sach-, Dienst- und Informationsdienstleistungen

- Finanzmittel

- Organisationseinheiten

- Unternehmensziele

---

[61] In Anlehnung an Schwarze (2000), S. 147.

[62] Vgl. hierzu Scheer (1997), S. 10ff.

[63] Vgl. Scheer (2002), S. 33.

[64] Vgl. zu nachfolgender Aufzählung Scheer (2002), S. 32.

Das eigentliche Prozessmodell ist in die Steuerungssicht eingeordnet. *Abbildung 2-6* zeigt die Herkunft der Objekte der Steuerungssicht als Ausprägungen ihrer Klassen aus den übrigen Sichten.

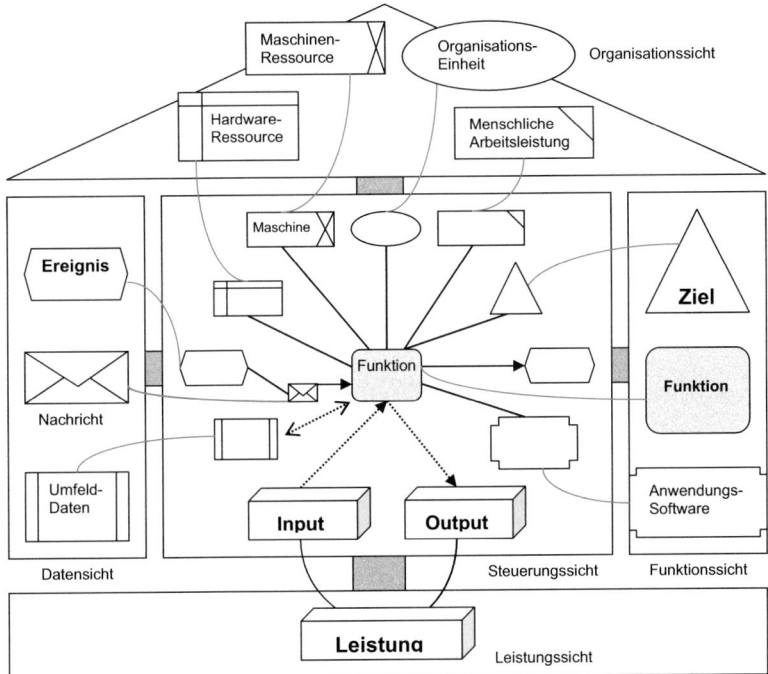

Abb. 2-6: ARIS-Haus[65]

Die Methoden einer bestimmten Sicht lassen sich somit losgelöst von Einflüssen anderer Sichten betrachten, was bei der Entwicklung von Informationssystemen ein entscheidender Vorteil ist. In *Tabelle 2-1* (S. 19) findet sich dazu eine kompakte Beschreibung der einzelnen Sichten im ARIS-Haus. Die Zerlegung von Geschäftsprozessen in Subprozesse kann zum Beispiel aus der Funktionssicht sehr viel einfacher modelliert werden als aus „ganzheitlicher" Sicht, da zahlreiche Nebenaspekte zunächst vernachlässigt werden dürfen.[66] Ein weiterer Vorteil dieser Einteilung besteht

---

[65] In Anlehnung an Scheer (2002), S. 37.

[66] Vgl. zudem Scheer (1997), S. 11.

in der Vermeidung von Redundanzen, die bei der Mehrfachverwendung von Objekten innerhalb des Geschäftsprozessmodells auftreten können.[67]

ARIS-Sichten	
Datensicht	Die Datensicht beinhaltet die Beschreibung der Objekte der Informationsdienstleistungen sowie der Beziehungen zwischen diesen Objekten und ihrer Attribute. Zusätzlich umfasst sie Nachrichten, die Vorgänge auslösen oder durch Vorgänge erzeugt werden.
Funktionssicht	Die Funktionssicht beschreibt jene Vorgänge, die Input-Leistungen in Output-Leistungen transferieren sowie die Beziehungen zwischen den Vorgängen und Leistungen. Sie umfasst darüber hinaus die Anwendungssysteme, da sie computergestützte Bearbeitungsregeln eines Vorgangs definieren.
Organisationssicht	Die Organisationssicht beschreibt die Aufbauorganisation durch Organisationselemente und die Beziehungen zwischen den Organisationseinheiten. So werden Human Resources, Betriebsmittel und Hardware der Organisationssicht zugeordnet.
Steuerungssicht	Die Beziehungen zwischen den einzelnen Sichten und der gesamte Geschäftsprozess sind Inhalt der Steuerungssicht. Sie ermöglicht eine systematische Betrachtung aller bilateralen Beziehungen der Sichten sowie der vollständigen Prozessbeschreibung.
Leistungssicht	Die Leistungssicht enthält alle materiellen und immateriellen Input- und Output-Leistungen, die für die Geschäftsprozesse relevant sind.

Tab. 2-1: ARIS-Sichten[68]

2.2.5 Management von Geschäftsprozessen

Angesichts der komplexen Architektur von Unternehmens- und Geschäftsprozessen steht ein Entscheidungsträger bei der Auswahl erfolgversprechender Gestaltungsmaßnahmen vor großen Herausforderungen. Dies gilt insbesondere dann, wenn es langfristig um die nachhaltige Umsetzung einer unternehmensweiten IT-Strategie geht. Es ist stets zu berücksichtigen, dass Geschäftsprozess-Modelle (sowie Workflow-Modelle) die Unternehmensaktivitäten lediglich auf eine sehr kompakte Abstraktionsebene abbilden[69], die wohl um den Großteil aller vorhandenen Vorgangsinformationen „bereinigt" sein dürfte. Informationsdefizite, die mitunter durch mangelnde Kenntnisse über Kundenanforderungen oder Leistungsfähigkeit von

---

[67] Vgl. Scheer (2002), S. 33.

[68] Vgl. zum Inhalt der Tabelle Scheer (2002), S. 36.

[69] Eine differenzierte Darstellung aus Sicht der Semantik von Kunstsprachen findet sich in Becker et al. (1999), S. 101ff.

18

Geschäftsprozessen in Erscheinung treten, können sich jedoch verheerend auf die Zielfestlegung auswirken.[70]

Anhand der Identifikation wesentlicher Aspekte des Geschäftsprozessmanagements kann gezeigt werden, dass sich die hiermit verbundenen Aufgaben auf verschiedene Ebenen erstrecken und nicht der alleinigen Verantwortung der Geschäftsführung unterziehen.[71] Die lückenlose und überschneidungsfreie Abgrenzung der Managementprozesse und Offenlegung ihrer Schnittstellen zwischen den Kostenstellen ist hierbei fester Bestandteil der Prozessidentifikation.[72] Grundlegende Aspekte des Geschäftsprozessmanagements sind[73]:

- **Geschäftsprozessmodellierung** – Die Geschäftsprozessmodellierung stellt den Geschäftsprozess in der prozessorientierten Ablauforganisation dar.[74] Sie beschreibt, erfasst und erklärt interne und externe Strukturen der Geschäftsprozesse mit dem Ziel, ein Modell der Geschäftsprozess-Realität zu rekonstruieren.[75] Dies schließt mitunter die Erhebung von Input, Output, Lieferanten- und Kundenanforderungen sowie der am Prozessablauf teilnehmenden Geschäftsbereiche ein.[76] Objektorientierte Konzepte zur Rekonstruktion können dabei zu einer effizienten Strukturierung und Optimierung der Geschäftsprozesse beitragen.[77] Die Ergebnisse der Gestaltungs- und Modellierungstätigkeiten werden in Repository-Systemen dokumentiert.[78]

---

[70] Vgl. weiterführend Hansen; Kamiske (2002), S. 19ff.

[71] Gadatsch (2001), S. 81ff. stellt diesen Sachverhalt im Rahmen der Prozessmodellierung mithilfe eines Ebenenkonzepts in anschaulich dar.

[72] Vgl. hierzu auch Hansen; Kamiske (2002), S. 128.

[73] Gadatsch (2001), S. 83 integriert diese Aspekte in ein Workflow-Lebenszyklusmodell und setzt sie in Relation zu den Aspekten des Workflow-Managements, um das Zusammenwirken von operationaler und fachlich-konzeptioneller Ebene zu verdeutlichen.

[74] Vgl. Stein (1996), S. 119-123.

[75] Vgl. hierzu Becker et al. (1999), S. 73.

[76] Vgl. Krcmar et al. (2000), S. 206.

[77] Scheer (1997), S. 59ff. gibt eine differenzierte Betrachtung der Nutzenaspekte objektorientierter Konstrukte (darunter Datenkapselung, Nachrichtenaustausch zwischen Klassen und Instanzen sowie Klassenhierarchien) wieder und beschreiben die jeweils daraus resultierenden Vorteile bei der Geschäftsprozessmodellierung.

[78] Vgl. Gadatsch (2001), S. 81.

- **Geschäftsprozessanalyse** – Die Analyse der Geschäftsprozesse zielt auf eine systematische Feststellung von Ablauffähigkeit, Schwachstellen und Verbesserungspotenzial[79] der betrachteten Prozesse.

- **Geschäftsprozessoptimierung / Business Process Reengineering (BPR)** – Die Geschäftsprozessoptimierung stützt sich auf die elektronische Vorgangsbearbeitung und bezieht sich auf die Konstruktion und Steuerung von Strukturen informationeller Abläufe.[80] Bisherige formale Strukturen der Geschäftsprozesse bleiben (weitestgehend) erhalten, es findet lediglich eine Rationalisierung organisatorischer Abläufe mithilfe der IT statt.[81] Hierbei müssen bereits implementierte Prozesse und Prozessteilschritte kritisch auf ihren Beitrag zur Wertschöpfung hinterfragt werden, wobei die Aspekte Organisation, Personal und Technologie gleichwertig zu betrachten sind.[82] Im Gegensatz zur Geschäftsprozessoptimierung findet beim Business Process Reengineering ein grundlegendes Redesign der Unternehmensstrukturen und Geschäftsprozesse statt.[83] Dadurch wird der organisatorische Aufbau grundsätzlich verändert.[84] Der Ansatz des Business Process Reengineering stellt dabei die Integration sowohl bewährter als auch neuer Managementtechniken zur nachhaltigen Verbesserung wettbewerbsrelevanter Geschäftsprozesse dar.[85]

- **Geschäftsstrategieentwicklung** – Die Geschäftsstrategieentwicklung ist Teil der strategischen Unternehmensplanung und definiert die Menge der globalen

---

[79] Eine umfassende Diskussion der Wirtschaftlichkeitsanalyse und geeigneter Bewertungsmethoden vor dem Hintergrund eines prozessorientierten Qualitätsmanagements findet sich in Hansen; Kamiske (2002), S. 61ff. Als Methode des Qualitätsmanagements kann sich auch die Six-Sigma-Analyse wachsender Beliebtheit erfreuen. Im Rahmen einer Six-Sigma-Analyse werden die Geschäftsprozesse statistisch untersucht, wobei Mittelwert und Standardabweichung der Prozessoutputs berechnet werden. Vgl. weiterführend Zarnekow et al. (2005), S. 115ff.

[80] Vgl. Staehle (1999), S. 750.

[81] Gadatsch (2001), S. 21 verbindet die Geschäftsprozessoptimierung mit dem Ziel der nachhaltigen Verbesserung der Wettbewerbsfähigkeit, die durch die Ausrichtung der Geschäftsprozesse an den Kundenanforderungen erreicht wird.

[82] Vgl. hierzu Nippa; Picot (1995), S. 145f.

[83] Vgl. Lingg; Scheuring (2003), S. 20.

[84] Vgl. zudem Staehle (1999), S. 750.

[85] Vgl. Nippa ; Picot (1995), S. 145.

Geschäftsprozessziele.[86] Die Geschäftsprozessziele wiederum sind in die Zielstruktur des Informationsmanagements einzuordnen.[87]

Da alle Prozesse per Definition einen Input und einen Output besitzen (Vgl. Abschnitt 2.1.2), treten Geschäftsprozesse der IT – vom Elementarprozess bis zum komplexen Unternehmensprozess – im Rahmen einer Kunden-Lieferanten-Beziehung gleichzeitig als Kunde und Lieferant eines Produktes auf. Sie „kaufen" als Input ein IT-Produkt von einem IT-Dienstleister und „liefern" wiederum als Output ein IT-Produkt an einen Geschäftsbereich. Die Kombination von Geschäftsprozessen in einem Unternehmen bildet daher in der Regel komplexe Geschäftsprozessketten aus.[88] Diese implizieren Ketten von Wertschöpfungspartnern, die in kooperativen Beziehungen zueinander stehen, um die Dienstleistungen für die Endkunden zu erbringen.[89] In der Praxis werden diese Geschäftsprozessketten daher als Lieferketten oder Wertschöpfungsketten im Rahmen eines Supply Chain Managements (SCM) betrachtet.[90] Die Voraussetzungen, die eine solche Betrachtungsweise rechtfertigen, können in Anlehnung an die Prozessorientierung in folgenden Punkten zusammengefasst werden:

- Alle Aktivitäten innerhalb der Lieferkette/Wertschöpfungskette zielen - analog zu der Ausrichtung der Geschäftsprozesse an den Kundenanforderungen - auf die Erhöhung des Wertzuwachses beim Endkunden.[91]

- Die Lieferkette/Wertschöpfungskette kann – analog zu den Geschäftsprozessketten – als Einheit betrachtet werden.[92]

---

[86] Vgl. hierzu Gadatsch (2001), S. 36.

[87] Vgl. Krcmar et al. (2000), S. 206.

[88] Jost (1993), S. 11 bezeichnet die Verknüpfung unterschiedlicher Prozesse mit dem Begriff der Prozessketten. Eine analoge Auffassung, in der eine Prozesskette durch sequenziell und/oder parallel ablaufende Tätigkeiten gebildet wird, findet sich in Hansen; Kamiske (2002), S. 76. Eine andere Ansicht vertritt Stein (1996), S. 116 und assoziiert mit dem Prozess als abgeschlossene Einheit einen nicht steigerungsfähigen Oberbegriff. Als Konsequenz daraus existierten lediglich Prozesse mit unterschiedlich weit gefasstem Betrachtungsrahmen.

[89] Vgl. hierzu Walther; Bund (2001), S. 132.

[90] Dem Supply Chain Management (SCM) auf der Beschaffungsseite steht das Customer Relationship Management (CRM) auf der Absatzseite gegenüber. Vgl. hierzu Gadatsch (2001), S. 73.

[91] Vgl. Pfohl (2000), S. 11.

[92] Vgl. Zimmermann (2003), S. 13.

- Die Lieferkette/Wertschöpfungskette setzt – analog zu der Geschäftsprozesskette – ein prozessorientiertes Denken voraus und unterliegt dem Effizienzprinzip.[93]

Die Motivation zu diesem Ansatz wird dahingehend noch bestärkt, dass sich generierte Lieferketten nicht nur auf einzelne Abteilungen oder das Unternehmen beschränken müssen, sondern auch externe Märkte erreichen können.[94] So entstehen im Zuge des Outsourcing häufig komplexe Lieferantennetzwerke über nationale Grenzen hinaus.[95]

---

[93] Hierbei wird das Bestreben nach optimaler Gestaltung der Wertschöpfungskette im Rahmen des Integrationsprinzips unterstellt. Vgl. hierzu Zimmermann (2003), S. 13.

[94] So existiert in der betriebswirtschaftlichen Forschung inzwischen der Konsens, Wertschöpfungsketten in einer unternehmensübergreifenden Sichtweise zu betrachten. Vgl. Zimmermann (2003), S. 1. Eine Unterscheidung zwischen intraorganisatorischen (innerbetrieblichen) und interorganisatorischen (die Schnittstellen eines Unternehmens mit seinen Partners betreffenden) Wertschöpfungsketten findet sich in Zimmermann (2003), S. 12.

[95] Vgl. weiterführend Vieweg et al. (2003), S. 109ff.

3 IT-Governance und Sarbanes-Oxley Act

3.1 Corporate Governance

3.1.1 Vorbemerkungen zu Corporate Governance

Der Begriff der Corporate Governance[96] beschreibt die Art und Weise der Führung und Überwachung von Unternehmen unter Berücksichtigung des Zusammenspiels von Anteilseignern (Shareholdern), Managern, Überwachungsgremien, Kreditgebern und Beschäftigten[97]. In dieser Arbeit soll deshalb folgende *Definition* zugrunde gelegt werden:

> "Corporate Governance bezeichnet alle Mechanismen (Märkte, Institutionen, Organe, Gesetze, Verträge etc.), die gewährleisten, dass Shareholder eine angemessene Rendite auf ihr eingesetztes Kapital erzielen."[98]

Dieses Zusammenspiel unterliegt einer Reihe von Einflussfaktoren, die maßgeblich durch die Struktur der Märkte, nationale Regelungen, Gesetze und Institutionen gestaltet werden.[99] In den letzten Jahren hat sich aus den komplexen Wechselwirkungen zwischen diesen Einflussfaktoren die Fragestellung entwickelt, inwiefern unterschiedliche Corporate Governance Strukturen Erfolg und Wachstum einer Volkswirtschaft begünstigen. Vor dem Hintergrund der Globalisierung und der damit verbundenen Internationalisierung der Kapitalmärkte impliziert diese Fragestellung einen wachsenden Bedarf an Best-Practice Modellen[100] und gemeinsamen Standards[101] für die Corporate Governance der internationalen Wirtschaft: „Je stärker die Kapitalmarktorientierung, desto mehr wird ein Unternehmen an den Corporate Governance-Standards gemessen."[102]

---

[96] Eine direkte Übersetzung des Begriffs Corporate Governance ins Deutsche liegt bislang nicht vor. Vgl. Rechkemmer (2003), S. 3.

[97] Vgl. hierzu Vieweg et al. (2003), S. 40. In der Managementtheorie konzentriert sich die Diskussion um die Corporate Governance traditionell auf die Trennung von Management und Eigentümer (Shareholder) bzw. Interessenvertreter (Stakeholder) wie z.B. Fremdkapitalgeber oder Lieferanten. Vgl. Rechkemmer (2003), S. 3 oder Hilpisch (2005), S. 65ff. und S. 163.

[98] Hilpisch (2005), S. 26.

[99] Vgl. Vieweg et al. (2003), S. 40.

[100] Vgl. hierzu Vieweg et al. (2003), S. 40.

[101] Vgl. Rechkemmer (2003), S. 6.

[102] Ernst & Young; F.A.Z. Institut (2005), S. 20.

Im Zuge der Entwicklung geeigneter Strategien wurden jedoch grundlegende Probleme und Konfliktpotenziale sichtbar, die stark in den Organisationsstrukturen der Unternehmen[103] sowie dem Gesellschaftsrecht[104] verwurzelt sind. Darunter finden sich:

- Trennung von Eigentum und Management[105]

- Informationsasymmetrien[106]

- Mitwirkungsrechte der Stakeholder[107]

- Mangelnde Unternehmensethik[108]

Eine Unternehmensarchitektur, die explizit die Trennung von Eigentum und Kontrolle vorsieht, kann aus verschiedenen Gründen gerechtfertigt sein. Dabei können drei Kategorien unterschieden werden[109]:

- Strategische, operative oder finanzielle Gegebenheiten seitens der Gesellschaft

- Individuelle Motive der Gesellschafter

- Anreize, die sowohl von der Gesellschaft als auch den Gesellschaftern ausgehen

Aus der Beziehung zwischen Eigentümern und Managern resultieren jedoch häufig Interessenkonflikte, welche die Lösung der oben genannten Probleme weiter erschweren.[110] Vor diesem Hintergrund verfolgt die Corporate Governance Initiative das Ziel, einen Interessenausgleich zwischen den beteiligten Stakeholdern zu

---

[103] Vgl. Hirshey et al. (2003), S. 72-77 und 79-85.

[104] Vgl. Dörner (2003), S. 3.

[105] Vgl. Hirshey et al. (2003), S. 72, Vieweg et al. (2003), S. 41 oder Rechkemmer (2003), S. 3.

[106] Vgl. Hirshey et al. (2003), S. 76-78. Vieweg et al. (2003), S. 43 beziehen sich hierbei auf die Informationsasymmetrie bei der Kreditvergabe. Rechkemmer (2003), S. 21ff. behandelt in diesem Zusammenhang die Informationsdefizite seitens des Managements. Hilpisch (2005), S. 83 nennt als weitere Ursachen für Informations-Unvollkommenheiten zwischen Eigentümern und Managern „unvollständige" und „nicht-verifizierbare" Informationen. Vgl. weiterführend auch Hilpisch (2005), S. 83ff.

[107] Vgl. Vieweg et al. (2003), S. 43.

[108] Vgl. Hirshey et al. (2003), S. 78-79 und Rechkemmer (2003), S. 6.

[109] Vgl. zu nachfolgender Aufzählung Hilpisch (2005), S. 66.

[110] Vgl. Hilpisch (2005), S. 164f.

schaffen.[111] Seit den spektakulären Krisen von Großunternehmen[112] in den vergangenen zehn Jahren wird daher unter dem Stichwort „Corporate Governance" eine vielschichtige Diskussion bezüglich der Wahrnehmung und des Schutzes von „Unternehmensverfassungen" geführt.[113] Neben den Fragen der Unternehmensmitbestimmung und der Reform des Aktienrechts steht dabei heute mehr denn je die Organisation der Leitungs- und Kontrollkompetenzen in den Unternehmen im Mittelpunkt.[114] Im Zuge dieser Betrachtung stellen sich die folgenden zentralen Fragen[115]:

- Inwieweit ziehen unterschiedliche Anspruchsgruppen (Stakeholder) handelnde Manager für ihre Entscheidungen und Handlungen zur Verantwortung?

- Wie lässt sich garantieren, dass Manager ihre Individualziele nicht bevorzugt verfolgen?

- Wie kann gewährleistet werden, dass Führungspositionen nur durch qualifiziertes Management besetzt werden?

Als Konsequenz aus mitunter diesen Fragestellungen wurde die Notwendigkeit von Verhaltenskodizes für die Umsetzung einer nachhaltigen Corporate Governance zur „guten Unternehmensführung" erkannt. Untrennbar verbunden mit dem Ziel, Machtdominanzen zu Gunsten einer effizienten Unternehmensführung zu verhindern[116], ist die Forderung nach Offenlegung und Transparenz:

> "In essence, corporate governance is the structure that is intended to make sure that the right questions get asked and that checks and balances are in place to make sure that the answers reflect what is best for the creation of long-term, sustainable value."[117]

Auch seitens der Wirtschaft wurde längst erkannt, dass zwischen Unternehmenstransparenz und Investitionsbereitschaft von Kapitalanlegern mittlerweile

---

[111] Vgl. hierzu Schewe (2005), S. 205.

[112] Beispielsweise Philipp Holzmann AG, Bundesrepublik Deutschland, Insolvenzanmeldung am 21.3.2001, Global Crossing , USA, 2002 und WorldCom (heute MCI), USA, Börsenskandal durch massive Bilanzfälschung, 2002 oder Enron, USA, größter Finanzskandal der Geschichte, 2001-2002. Vgl. Lander (2004), S. 1 oder Prentice (2005), S. 1.

[113] Vgl. hierzu Schewe (2005), S. 204.

[114] Vgl. Schewe (2005), S. 204f.

[115] Vgl. zu nachfolgender Aufzählung Schewe (2005), S. 205f.

[116] Vgl. Schewe (2005), S. 206.

[117] Monks; Minow (2004), S. 2.

eine positive Korrelation besteht.[118] Die aktuelle Debatte über Corporate Governance ist insofern gleichermaßen als ein wesentlicher Schritt auf dem Weg zur Schaffung höherer Transparenz auf dem Kapitalmarkt zu interpretieren.

Der Informationsfaktor spielt im Rahmen dieser Forderungen eine zentrale Rolle[119], sodass sich hieraus weitreichende Anforderungen an den Umgang mit der Informationstechnik[120] ableiten lassen. So hängt der Erfolg der Verankerung von wertorientierter Unternehmensführung ganz entscheidend von der Qualität der eingesetzten IT-Systeme ab.[121] Die Informationstechnik erfüllt hierbei folgende Aufgaben[122]:

- Bereitstellung konsistenter, zeitnaher und entscheidungsrelevanter Daten[123]

- Unterstützung des Managements bei Analyse, Bewertung und Entscheidungsfindung durch entsprechende Funktionen zur Analyse, Bewertung und Simulation

- Aufbereitung und Präsentation entscheidungsrelevanter Daten in Form von Reports an Management, Kapitalgeber und Mitarbeiter

Mit Erfüllung dieser Aufgaben leisten IT-Systeme einen wichtigen Beitrag zur Schaffung der geforderten Transparenz, Entscheidungsunterstützung, Performance-Messung von Managern und zur Zusammenführung der Interessen von Managern und Eigentümern[124]:

"Durch die Vereinfachung und Standardisierung von Prozessen und Daten sowie die Standardisierung und die Integration von Systemen können Transparenz, Verlässlichkeit, Geschwindigkeit und Vorhersehbarkeit der veröffentlichten Finanzinformationen deutlich gesteigert werden."[125]

---

[118] Vgl. hierzu Monks; Minow (2004), S. 296.

[119] Vgl. Rechkemmer (2003), S. 11ff.

[120] Die Informationstechnik ist in diesem Zusammenhang als zentraler Aspekt zur Unterstützung und Erreichung strategischer Unternehmensziele zu betrachten. Vgl. hierzu Thommen (2000), S. 775ff.

[121] Vgl. Hilpisch (2005), S. 142.

[122] Vgl. zu nachfolgender Aufzählung Hilpisch (2005), S. 142.

[123] Im optimalen Fall erfolgt die Lieferung aller relevanter Daten in Echtzeit.

[124] Vgl. hierzu Hilpisch (2005), S. 201.

[125] Deloitte & Touche (2005c), S. 2.

3.1.2 Gesetze und Verhaltensrichtlinien der Corporate Governance in der Bundesrepublik Deutschland und den USA

"Feindliche Übernahmen und Bilanzskandale haben die Frage der Unternehmensführung und der Unternehmenskontrolle in den Mittelpunkt des öffentlichen Interesses gerückt und damit Corporate Governance zu einem aktuellen Thema gemacht. International wird heute von Corporate Governance gesprochen, wenn es um die tatsächliche und um die vom Gesetzgeber gewünschte Verteilung der Aufgaben zwischen Aufsichtsrat, Vorstand und Eigentümern geht."[126]

Basierend auf dieser Aussage soll im Folgenden ein Überblick über die wichtigsten in der Bundesrepublik Deutschland und den USA eingeleiteten Maßnahmen im Zuge der Unterstützung der Corporate Governance gegeben werden. Es handelt sich hierbei um:

- **Reformvorschläge der Regierungskommission „Corporate Governance" vom 10. Juli 2001**[127] – Die am 29. Mai 2000 durch den Bundeskanzler der Bundesrepublik Deutschland eingerichtete Regierungskommission „Corporate Governance – Unternehmensführung – Unternehmenskontrolle – Modernisierung des Aktienrechts"[128] spricht in erster Linie börsennotierte Unternehmen an[129] und hat den Auftrag, sich mit potentiellen Defiziten des deutschen Systems der Unternehmensführung auseinander zu setzen.[130] Ferner soll sie Vorschläge zur Modernisierung des rechtlichen Regelwerks unterbreiten.[131]

- **Deutscher Corporate Governance Kodex vom 26. Februar 2002**[132] – Die infolge der Empfehlungen der Regierungskommission "Corporate Governance" eingerichtete Regierungskommission "Deutscher Corporate Governance Kodex"[133] entwickelte Verhaltensregeln für Aufsichtsräte und Vorstände in

---

[126] Schewe (2005), S. 206.

[127] Vgl. weiterführend Dörner (2003), S. 8-21.

[128] Die Einsetzung der Regierungskommission erfolgte unter Vorsitz von Prof. Dr. Theodor Baums. Vgl. hierzu Schewe (2005), S. 208.

[129] Vgl. Rechkemmer (2003), S. 6.

[130] Die damit einhergehenden Empfehlungen der Regierungskommission richten sich nicht zuletzt aus politischen Gründen weitestgehend auf Bedingungen zur Arbeit des Aufsichtsrates. Regelungen der Unternehmensmitbestimmung blieben dabei unangetastet. Vgl. hierzu Schewe (2005), S. 208f.

[131] Vgl. Dörner (2003), S. 8.

[132] Vgl. weiterführend Dörner (2003), S. 21-39 und Rechkemmer (2003), S. 6-8.

[133] Vorsitzender der Regierungskommission ist Dr. Gerhard Cromme, ehemals Vorstand der Thyssen-Krupp AG, danach Aufsichtsratsvorsitzender der Gesellschaft. Geläufig ist daher auch die Bezeichnung „Cromme-Kodex". Vgl. hierzu Schewe (2005), S. 209 und S. 217.

börsennotierten Unternehmen.[134] Der Kodex erweitert jene Verhaltensmaßstäbe für die Unternehmensleitung und Unternehmensüberwachung, die bislang vor allem durch das Aktiengesetz, Handelsrecht und Mitbestimmungsrecht geregelt wurden.[135]

- Gesetz zur weiteren Reform des Aktien- und Bilanzrechts, zu Transparenz und Publizität (Transparenz- und Publizitätsgesetz) vom 26. Juli 2002[136] – Das Transparenz- und Publizitätsgesetz (TransPuG) wurde zur teilweisen Umsetzung der Vorschläge der Regierungskommission „Corporate Governance" und des Deutschen Rechnungslegungs Standards Committee (DRSC)[137] verabschiedet. Mit Inkrafttreten des TransPuG wurde der Deutsche Corporate Governance Kodex (DCGK) erstmals für börsennotierte Aktiengesellschaften verpflichtend.[138]

- **Sarbanes-Oxley Act of 2002, USA**[139] – Am 30. Juli 2002 unterzeichnete der Präsident der Vereinigten Staaten den Sarbanes-Oxley Act of 2002 mit dem Ziel, durch Ausweitung des Verantwortungs- und Haftungsbereichs von Vorständen und Wirtschaftsprüfern eine wesentlich verbesserte Rechnungslegung zu erzwingen.[140]

Die Regierungskommission „Corporate Governance" setzt sich im Rahmen ihrer Empfehlungen insbesondere mit dem Thema „Informationstechnologie und Publizität" auseinander. Die Vorschläge des Kommissionsberichts an die Deutsche Bundesregierung[141] umfassen mitunter die Bereiche „Informationstechnologie und

---

[134] Vgl. Dörner (2003), S. 21.

[135] Vgl. Baums (2001), S. 27. Vgl. auch weiterführend Berliner Initiativkreis German Code of Corporate Governance (2000), S. 17ff. und S. 23ff.

[136] Vgl. weiterführend Dörner (2003), S. 39-50.

[137] Das Deutsche Rechnungslegungs Standards Committee (DRSC) wurde 1998 als Standardisierungsorganisation gegründet und ist Träger des Deutschen Standardisierungsrats (DSR). Internet: http://www.drsc.de

[138] Vgl. hierzu Hilpisch (2005), S. 195 und Schewe (2005), S. 209.

[139] Vgl. weiterführend Sarbanes-Oxley Act of 2002, Prentice (2005), S. 7-59, Dörner (2003), S. 51-63 oder Lander (2004), S. 1-9. Entsprechende Pendants zum Sarbanes-Oxley Act in den USA liefern die Loi de Sécurité Financière in Frankreich oder der Tabaksblat Report in den Niederlanden. Vgl. Schewe (2005), S. 207.

[140] Vgl. Dörner (2003), S. 51 und Lander (2004), S. 1-2.

[141] Vorgelegt durch den Vorsitzenden der Regierungskommission am 10. Juli 2001.

Aktienrecht"[142] sowie „Verbesserung der Unternehmenspublizität"[143]. Der Sachverhalt kann durch die nachfolgend extrahierten Empfehlungen beispielhaft verdeutlicht werden:

- Eine elektronische Versendung in verschlüsselter Form und elektronische Aufbewahrung der Vorstandsberichte gemäß § 90 Abs. 1 und Abs. 3 AktG sollen der Forderung nach Schriftform genügen.[144]

- Telefon- oder Videokonferenzen bzw. –zuschaltungen sollen zukünftig in begründeten Ausnahmefällen die Präsenzpflicht[145] des Aufsichtsrates bei Zusammenkünften gem. § 110 Abs. 3 AktG ersetzen.[146]

- Die Internetseite der Gesellschaft kann als Kommunikationsmedium zwischen den Aktionären dienen, wenn das Gesetz für das Geltendmachen von Aktionärsrechten einen bestimmten Mindestbesitz oder eine Mindeststimmrechtsquote fordert.[147]

- Die Führung der Handelsregister in elektronischer Form und der externe Abruf der Registerdaten werden durch die §§ 8a, 9a HGB nicht untersagt und können daher zu einer verbesserten Unternehmenspublizität beitragen.[148]

Die Vorschläge unterstreichen damit die Rolle der Informationstechnik innerhalb der Corporate Governance Initiativen und motivieren somit Ansätze für die Umsetzung einer geeigneten IT-Strategie.

Einen bereits früher erkannten Handlungsbedarf zur Reformierung des deutschen Kapitalmarktes dokumentiert das am 27. April 1998 verabschiedete Gesetz[149] zur

---

[142] Vgl. weiterführend Baums (2001), S. 109.

[143] Vgl. weiterführend Baums (2001), S. 112.

[144] Vgl. hierzu Baums (2001), S. 109.

[145] Hiermit ist die Pflicht zur physischen Präsenz gemeint.

[146] Vgl. hierzu Baums (2001), S. 109.

[147] Vgl. hierzu Baums (2001), S. 110.

[148] Vgl. hierzu Baums (2001), S. 112. In diesem Kontext stellen Nippa et al. (2002), S. 205 fest, dass die Nutzung des Internets einen positiven Effekt auf die Investor Relations hat und dem Ideal informationseffizienter Märkte nahe kommt. Das Internet biete geeignete Möglichkeiten zur Informationsversorgung und lasse unterschiedlichen Interessengruppen hohe Freiheitsgrade bei der Informationsbeschaffung offen.

[149] Genauer betrachtet handelt es sich beim KonTraG um eine Sammlung von Änderungen anderer Gesetze wie z.B. des HGB und des AktG. Vgl. hierzu Köhler (2005), S. 292.

Kontrolle und Transparenz im Unternehmensbereich (KonTraG).[150] Die Regelungen des KonTraG sind als ein erstes Ergebnis der geführten Corporate Governance Diskussion zu sehen. Sie beziehen sich auf Tätigkeiten des Aufsichtsrates, Stimmrechte, die Arbeit des Abschlussprüfers sowie die Abschlussprüfung selbst und Tätigkeiten des Risikomanagements und der Risikoberichterstattung.[151]

3.2 IT-Governance als Bestandteil der Corporate Governance Strategie

3.2.1 Begriffsverständnis von IT-Governance

Unter IT-Governance versteht man die Gesamtheit von Grundsätzen, Verfahren und Maßnahmen zur effizienten Unterstützung und Umsetzung der IT-Strategien im Rahmen der Unternehmensziele.[152]

Das IT Governance Institute[153] definiert in diesem Kontext IT-Governance wie folgt:

> "IT governance is the responsibility of the board of directors and executive management. It is an integral part of enterprise governance and consists of the leadership and organisational structures and processes that ensure that the organisation's IT sustains and extends the organisation's strategies and objectives."[154]

Somit handelt es sich bei IT-Governance um einen unternehmensindividuellen Gestaltungsprozess, der maßgebend von den vorliegenden IT-Infrastrukturen determiniert wird.[155] Darüber hinaus behandelt IT-Governance alle Aspekte des Risikomanagements, die während der Erbringung von IT-Dienstleistungen im Rahmen der Geschäftstätigkeit relevant werden.[156] Dabei kommt den Prozessen zur Beschaffung,

---

[150] Vgl. Vieweg et al. (2003), S. 59ff. und Köhler (2005), S. 291ff.

[151] Vgl. weiterführend Schewe (2005), S. 209ff.

[152] Vgl. Köhler (2005), S. 261.

[153] Das IT Governance Institute (ITGI, Internet: http://www.itgi.org) wurde 1998 gegründet, um die Entwicklung von Standards für die Steuerung und Kontrolle von Informationstechnik in Unternehmen voran zu treiben. Es richtet sich in seiner Arbeit nach eigenen Angaben an folgende Zielgruppen: Chief Executive Officers (CEO), Chief Information Officers (CIO), Chief Operating Officers (COO), Chief Financial Officers (CFO), Chief Technical Officers (CTO), Vorstandsmitglieder, IT-Manager und Praktizierende. Vgl. hierzu IT Governance Institute; Office of Government Commerce (2005), S. 2 und IT Governance Institute (2004), S. 5.

[154] IT Governance Institute (2003), S. 10.

[155] Vgl. Bernhard et al. (2003), S. 42.

[156] Vgl. Deloitte & Touche (2005b), S. 1.

30

Auslieferung und Unterstützung von IT-Dienstleistungen eine besonders wichtige Rolle zu.[157] Aus dieser Perspektive gehört die Schnittstelle zwischen IT-Dienstleister und Kunde zu den sensiblen Kernaspekten der IT-Governance und verlangt die Berücksichtigung folgender Themenbereiche[158]:

- Grundsätze der Organisation

- Strategische Positionierung der Informationstechnik

- Wettbewerbssituation

- Preisfindung und Leistungsverrechnung

- Performance-Management

IT-Governance beschränkt sich dabei keineswegs auf die Kontrolle von Informationen und Technologien in Beziehung zu den Geschäftsprozessen eines Unternehmens. Auch Organisationsstrukturen und Mitarbeiterverhalten lassen sich durch IT-Governance im Rahmen ihrer Möglichkeiten beeinflussen.[159] IT-Governance übernimmt hierbei die Funktion, den angemessen Umgang mit Informationen und Informationstechnik durch die Mitarbeiter sicher zu stellen.[160]

3.2.2 Integration in die Corporate Governance Strategie

Die Komplexität heutiger Unternehmensstrukturen und Markrelationen resultiert in einer steigenden Anzahl von Kommunikationsbeziehungen in der Informationstechnik. Das Wachstum von Organisationsstrukturen ist im Regelfall mit der Schaffung neuartiger Stellen verbunden, was wiederum zu steigender Heterogenität zwischen den Stellen führt.[161] Angesichts dieser Entwicklung, die durch den Trend zum IT-Outsourcing noch verstärkt wird, sieht sich das IT-Management mit Schnittstellenproblemen und Intransparenz konfrontiert.[162] Einen Lösungsansatz bietet hier die Integration der IT-Governance in die übergeordneten Management-Strategien:

---

[157] Vgl. Brenner et al. (2003), S. 12.

[158] Vgl. zu nachfolgender Aufzählung Brenner et al. (2003), S. 12.

[159] Vgl. hierzu Bloem et al. (2006), S. 13.

[160] Vgl. Bloem et al. (2006), S. 13.

[161] Vgl. hierzu Kieser; Walgenbach (2003), S. 313.

[162] Vgl. Brenner et al. (2003), S. 12.

„Die Übertragung von Verantwortung der Corporate Governance auf die IT ist erforderlich."[163]

Als integraler Bestandteil der Unternehmensführung und Corporate Governance Strategie ist die IT-Governance vorrangig auf die Informationstechnik eines Unternehmens ausgerichtet.[164] Dabei ist jedoch zu berücksichtigen, dass die IT-Governance als wesentlicher Aspekt in die Corporate Governance eingebettet ist[165] und daher nicht als isolierte Disziplin oder Aktivität verstanden werden darf.[166] Die Gartner Group beschreibt beispielsweise: "Like governance generally, IT governance is about the decision rights and accountabilities that encourage desirable behavior in the use of IT. It is a joint effort between IT and the business."[167] Eine integrierte IT-Governance wirft dabei eigene Fragestellungen auf[168]:

- Inwieweit muss die gegenwärtige Situation (IT-Strategie, IT-Infrastruktur, IT-Prozesse) verändert werden?

- Wie sind die Veränderungen am besten zu gestalten?

- Wie viel Kontrolle ist dabei notwendig?

- Wann und wie muss das Management intervenieren?

- Beeinflusst IT-Governance die Definition und Umsetzung strategischer Unternehmensziele?

Werden die Anforderungen der IT-Governance durch das Management nicht in ausreichendem Maße berücksichtigt, so besteht die Gefahr, dass IT-Abteilungen sich weit von der unternehmenseigenen Corporate Governance Strategie entfernen.[169] Entscheidend ist hierbei auch die Feststellung, dass getroffene Regelungen der IT-Governance innerhalb des gesamten Unternehmens Anwendung finden müssen:

---

[163] Brenner et al. (2003), S. 12.

[164] Vgl. Köhler (2005), S. 261.

[165] Vgl. Bernhard et al. (2003), S. 44 sowie Brenner et al. (2003), S. 18.

[166] Vgl. hierzu IT Governance Institute (2003), S. 11.

[167] Broadbent (2003), S. 5.

[168] Vgl. zu nachfolgender Aufzählung Bloem et al. (2006), S. 13.

[169] Vgl. Deloitte & Touche (2005a), S. 2.

"An effective IT Governance framework should be an integral part of your existing corporate governance and reporting structure, fully supported by executive management an deployed throughout your organisation."[170]

Die Integration der IT-Governance in die Corporate Governance Strategie wird durch die starke positive Korrelation in der Proportion zwischen dem Verständnis der IT-Governance Prozeduren (seitens des Managements) und dem Integrationsgrad der Informationstechnik in die Corporate Governance Prozesse bestärkt.[171] Idealerweise wird IT-Governance deshalb auf verschiedenen Management-Ebenen gelebt[172]:

- Teamleader, die an die Manager berichten und Weisungen empfangen

- Manager, die an die Top-Manager berichten

- Top-Manager, die an den Vorstand berichten

Auch im Hinblick auf die komplexen Kapitalstrukturen großer Unternehmen und die Risiken, die sich durch den Einsatz hoher Kapitalvolumina ergeben, erscheint die wichtige Rolle der IT-Governance innerhalb der Corporate Governance mehr als gerechtfertigt: „Given the high amount of investment and risk, as well as the central role of employees, IT governance is an important component of corporate governance."[173]

3.2.3 Motivation und Zielsetzung der IT-Governance

Zu den Zielsetzungen der IT-Governance gehört die Sicherstellung von Synergien durch den Einsatz und im Einsatz von Informationstechnik in einer IT-Organisation.[174] Es ist daher zu gewährleisten, dass die IT-Prozesse eines Unternehmens stets mit den folgenden Grundsätzen konform bleiben[175]:

- Ausrichtung der Informationstechnik auf die Erfordernisse des Unternehmens sowie die Realisierung der angestrebten Unternehmensziele

---

[170] Deloitte & Touche (2005b), S. 1.

[171] Vgl. hierzu Deloitte & Touche (2005a), S. 2. Eine Analyse der Deloitte & Touche im Jahr 2005, in der 50 CIOs aus IT-Organisationen im Vereinigten Köngreich zum Integrationsgrad der IT-Governance befragt wurden, ergab folgendes Ergebnis: Lediglich 9% verneinten eine Integration, während 76% einen gewissen Integrationsgrad attestierten und 15% die volle Integration der IT-Governance bestätigten. Vgl. hierzu Deloitte & Touche (2005a), S. 1f.

[172] Vgl. zu nachfolgender Aufzählung IT Governance Institute (2003), S. 11.

[173] Bloem et al. (2006), S. 11.

[174] Vgl. Bernhard et al. (2003), S. 44.

[175] Vgl. zu nachfolgender Aufzählung IT Governance Institute (2003), S. 11.

- Steigerung des Unternehmenswertes und Maximierung des Nutzens durch den Einsatz der Informationstechnik

- Verantwortungsvoller Umgang mit IT-Ressourcen

- Angemessenes Management der IT-bedingten Risiken

Um die IT-Governance effektiv gestalten zu können, bedarf es jedoch nicht nur ihrer Umsetzung sondern auch eines umfassenden Verständnisses der IT-Governance Prozesse durch alle Beteiligten. Dies erfordert mitunter eine wirksame Kommunikation, die auf konstruktiven Beziehungen, einer gemeinsamen Sprache und dem Bewusstsein für die Notwendigkeit von IT-Governance basiert.[176] Deloitte & Touche stellen dazu treffend fest:

> "Effective IT Governance requires communication between governance policy decision makers and those who execute it through the frequent use of mechanisms known to be effective within an organisation."[177]

Die IT-Governance kann daher nicht effektiv umgesetzt werden, solange Strategie und Ziele noch nicht auf das ganze Unternehmen ausgerollt sind.[178] Dies erfordert mitunter die Definition, welche Aufgaben und Kompetenzen auf welche Organisationseinheiten zu übertragen sind.[179] Gerade die Abgrenzung von Verantwortungsbereichen ist fester Bestandteil der Zielsetzungen der IT-Governance und wirft eine Reihe von Fragestellungen in den Raum[180]:

- Wie ist die IT-Architektur gestaltet?

- Welche Prinzipien und Richtlinien sind notwendig?

- Wie und wofür erfolgt der Einsatz der Informationstechnik?

- Welche Geschäftsprozesse sollen ausgeführt werden?

- Wer entscheidet über IT-Investitionen und Prioritäten?

- Wie erfolgt die Verrechnung der IT-Kosten?

---

[176] Vgl. IT Governance Institute (2003), S. 11.

[177] Deloitte & Touche (2005a), S. 12.

[178] Vgl. IT Governance Institute (2003), S. 11.

[179] Vgl. Brenner at al. (2003), S. 12.

[180] Vgl. zu nachfolgender Aufzählung Brenner et al. (2003), S. 18.

- Wie lässt sich die Effektivität der IT-Governance messen?

Die Motivation zur Umsetzung der IT-Governance in einem Unternehmen lässt sich – ausgehend von obigen Grundsätzen und Fragestellungen - prinzipiell in zwei wesentlichen Aspekten verdichten[181]:

1. **Nutzenzuwachs durch die (kosteneffiziente) Erstellung von IT-Dienstleistungen** – Grundsätzlich muss IT-Governance hierbei die strategische Ausrichtung der IT an den Geschäftsprozessen vornehmen, die Kosten der Leistungserstellung minimieren, den verantwortungsvollen Umgang mit IT-Ressourcen gewährleisten und den Wertzuwachs mittels Performanz-Messung verifizieren.[182]

2. **Minimierung von IT-spezifischen Risiken** – Durch eine entsprechende risikoorientierte Organisation der IT-Infrastruktur müssen mitunter die Haftungsrisiken in allen Unternehmensbereichen im Rahmen der Corporate Governance des Unternehmens minimiert werden.[183] Voraussetzung hierfür ist ein effektives Risiko-Management, das die IT-spezifischen Risiken minimiert und somit für eine kontinuierliche Leistungserstellung sorgt.[184]

Dem ersten Aspekt wird innerhalb der strategischen Ausrichtung der Informationstechnik auf die Geschäftsprozesse[185] Rechnung getragen. Der zweite Aspekt wird durch die Einbindung von Verantwortlichkeiten (*Embedding Accountability*) in das Unternehmen gewährleistet.[186] Beide Aspekte sind durch ein effektives Management der IT-Ressourcen zu unterstützen und resultieren somit in fünf Aufgabenbereichen der IT-Governance. Im Mittelpunkt steht hierbei der Nutzenzuwachs seitens der Stakeholder (s. Abb. 3-1).

---

[181] Vgl. hierzu IT Governance Institute (2003), S. 19.

[182] Vgl. hierzu IT Governance Institute; Office of Government Commerce (2005), S. 10.

[183] Vgl. hierzu Ernst & Young; F.A.Z. Institut (2005), S. 52.

[184] Vgl. hierzu IT Governance Institute; Office of Government Commerce (2005), S. 10.

[185] Die strategische Ausrichtung der Informationstechnik auf die Geschäftsprozesse und die Erstellung von IT-Dienstleistungen werden in der akademischen Literatur oftmals begrifflich kombiniert.

[186] Vgl. IT Governance Institute (2003), S. 19.

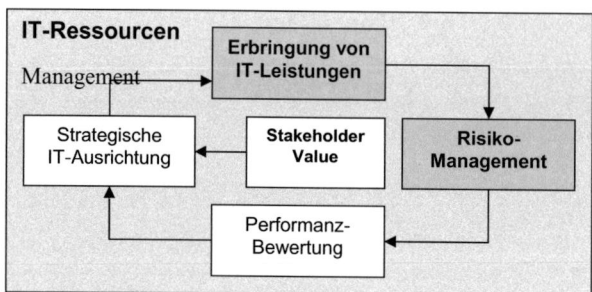

Abb. 3-1: Lebenszyklus-Betrachtung der IT-Governance[187]

3.3 Sarbanes-Oxley Act

3.3.1 Entstehung des Sarbanes-Oxley Act

Eine Reihe spektakulärer Bilanzskandale in den USA hat das Vertrauen in den US-amerikanischen Kapitalmarkt empfindlich beeinträchtigt. Dies führte seitens des US-Kongresses und des US-Senats zum Beschluss weitreichender Reformen des Wertpapierhandels und des Börsenrechts, die mit erheblichen Konsequenzen für das Management börsennotierter Unternehmen verbunden sind.[188]

Der am 30. Juli durch Präsident George W. Bush unterschriebene „Sarbanes-Oxley Act of 2002" (SOX)[189] zielt auf eine verbesserte Rechnungslegung durch Ausweitung der Pflichten und Haftungen von Vorständen und Wirtschaftsprüfern.[190]

> "Ziel des Sarbanes-Oxley Act ist es, das verlorene Vertrauen der Kapitalmärkte in die Corporate Governance von Kapitalgesellschaften und ihre publizierten Finanzdaten wiederherzustellen."[191]

Infolge des Gesetzes ist mit dem Public Company Accounting Oversight Board (PCAOB)[192] eine Bundesaufsichtsbehörde für Wirtschaftsprüfer gegründet worden.[193]

---

[187] In Anlehnung an IT Governance Institute (2003), S. 20.

[188] Vgl. Dörner (2003), S. 51.

[189] Der Sarbanes-Oxley Act ist benannt nach den Mitbegründern Paul Sarbanes, US-Senator der Bundesstaates Maryland, und Michael Oxley, Abgeordneter des US-Kongresses. Vgl. hierzu Monks; Minow (2004), S. 248.

[190] Vgl. Dörner (2003), S. 51 und Lander (2004), S. 1.

[191] Deloitte & Touche (2005c), S. 1.

Im nachfolgenden Abschnitt erfolgt ein Überblick über die einzelnen Paragraphen des Sarbanes-Oxley Act, der in TITLE I bis TITLE XI gegliedert ist.

3.3.2 Überblick über die Paragraphen des Sarbanes-Oxley Act

3.3.2.1 Title I – Public Company Accounting and Oversight Board

TITLE I – PUBLIC COMPANY ACCOUNTING AND OVERSIGHT BOARD[194] befasst sich mit der Organisation sowie den Aufgaben und Zuständigkeiten des PCAOB über die Rechnungslegung der in den USA gelisteten Unternehmen (s. Tab. 3-1).

Section	Inhalt
101	**Establishment; Administrative Provisions** (Einrichtung des PCAOB; Aufgaben und administrative Bestimmungen)
102	**Registration with the Board** (Amtliche Erfassung beim PCAOB)
103	**Auditing, Quality Control, and Independence Standards and Rules** (Wirtschaftsprüfung, Qualitätskontrolle und Unabhängigkeitsstandards)
104	**Inspections of Registered Public Accounting Firms** (Überprüfung der amtlich registrierten Aktiengesellschaften)
105	Investigations and Disciplinary Proceedings (Untersuchungen und Disziplinarverfahren)
106	**Foreign Public Accounting Firms** (Ausländische Aktiengesellschaften)
107	**Commission Oversight of the Board** (Aufsicht der Bundesaufsichtsbehörde über das PCAOB)
108	**Accounting Standards** (Prüfungsstandards)
109	**Funding** (Finanzierung)

Tab. 3-1: Public Company Accounting Oversight Board[195]

3.3.2.2 Title II – Auditor Independence

TITLE II – AUDITOR INDEPENDENCE[196] enthält Bestimmungen zur Unabhängigkeit der Wirtschaftsprüfer[197] und benennt solche Dienstleistungen, die der Abschlussprüfer in

---

[192] Das Public Company Accounting Oversight Board (PCAOB) ist eine private, im Zuge des Sarbanes-Oxley Act of 2002 gegründete Non-Profit Organisation zur Überwachung der Wirtschaftsprüfer von Kapitalgesellschaften. Ziel seiner Arbeit ist die Sicherstellung von fairen und unabhängigen Jahresabschlüssen zum Schutz der Investoren und Wahrung ihrer Interessen. Internet: http://www.pcaobus.org.

[193] Vgl. Prentice (2005), S. 1 und Dörner (2003), S. 51.

[194] Vgl. weiterführend Sarbanes-Oxley Act of 2002 (SOX), Title I, S. 6-27.

[195] Quelle: Sarbanes-Oxley Act of 2002 (SOX), Title I, S. 6-27.

[196] Vgl. weiterführend Sarbanes-Oxley Act of 2002 (SOX), Title II, S. 27-31.

[197] Die Unabhängigkeit des Wirtschaftsprüfers ist beispielsweise nicht mehr gegeben, wenn Mitglieder des Committees dem Emittenten oder einer seiner Tochtergesellschaften nahe stehen.

den geprüften Unternehmen nicht erbringen darf (s. Tab. 3-2, S. 40). Damit werden die Möglichkeiten, neben den Abschlussprüfungen weitere Beratungsleistungen zu erbringen, stark eingeschränkt.[198] Der Einsatz unabhängiger und fachlich ausgewiesener Experten soll dabei die Verlässlichkeit der Jahresabschlüsse gewährleisten.[199]

Section	Inhalt
201	**Services outside the Scope of Practice of Auditors** (Prüfungsfremde Dienstleistungen des Abschlussprüfers)
202	**Preapproval Requirements** (Bedingungen zur Anerkennung durch den Prüfungsausschuss)
203	**Audit Partner Rotation** (Wechsel der Abschlussprüfer)
204	**Auditor Reports to Audit Committees** (Prüfungsberichte an die Audit Committees)
205	**Conforming Amendments** (Anpassungen und Abänderungen)
206	**Conflicts of Interest** (Interessenkonflikte)
207	**Study of Mandatory Rotation of Registered Public Accounting Firms** (Studie über den vorgeschriebenen Wechsel bei Aktiengesellschaften)
208	**Commission Authority** (Befugnisse der Bundesaufsichtsbehörde)
209	**Considerations by Appropriate State Regulatory Authorities** (Berücksichtigung durch die zuständigen Landesaufsichtsbehörden)

Tab. 3-2: Auditor Independence[200]

3.3.2.3 Title III – Corporate Responsibility

TITLE III – CORPORATE RESPONSIBILITY[201] erläutert und erweitert die Verantwortlichkeiten und Haftungen seitens der Unternehmen und schreibt die Errichtung des Audit Committees für die interne und externe Berichterstattung vor (s. Tab. 3-3, S. 40-41). In den Verantwortlichkeitsbereich des Audit Committees gehören mitunter die Auswahl und Bestellung des Abschlussprüfers sowie die Überprüfung der verschärften Unabhängigkeitsbestimmungen der Prüfungsgesellschaften[202].

Section	Inhalt

---

[198] Vgl. hierzu Deloitte & Touche (2005c), S. 2.

[199] Vgl. Deloitte & Touche (2005c), S. 2.

[200] Quelle: Sarbanes-Oxley Act of 2002 (SOX), Title II, S. 27-31.

[201] Vgl. weiterführend Sarbanes-Oxley Act of 2002 (SOX), Title III, S. 31-41.

[202] Vgl. hierzu Deloitte & Touche (2005c), S. 2.

301	**Public Company Audit Committees** (Prüfungsausschuss der Aktiengesellschaft)
302	**Corporate Responsibility for Financial Reports**[203] (Haftung des Unternehmens für die Finanzberichterstattung/den Jahresabschluss)
303	**Improper Influence on Conduct of Audits** (Missbräuchliche Einwirkung auf die Durchführung der Prüfungen)
304	**Forfeiture of Certain Bonuses and Profits** (Verfall und Einziehung bestimmter Prämien, Dividenden und Erträgen)
305	**Officer and Director Bars and Penalties** (Verbote und Strafen für Vorstände und Geschäftsführer)
306	**Insider Trades during Pension Fund Blackout Periods** (Insider-Geschäfte während der Pensionskassen-Sperrfristen)
307	**Rules of Professional Responsibility for Attorneys** (Regeln für die berufliche Verantwortung/Haftung von Rechtsanwälten)
308	**Fair Funds for Investors** (Angemessene Finanzmittel für Investoren)

Tab. 3-3: Corporate Responsibility[204]

3.3.2.4 Title IV – Enhanced Financial Disclosures

TITLE IV – ENHANCED FINANCIAL DISCLOSURES[205] legt erweiterte Veröffentlichungspflichten für Finanzinformationen fest. Besonders hervorzuheben ist hierbei das Management Assessment of Internal Controls (SECTION 404), welches die Einrichtung und Pflege eines internen Kontrollsystems für die Finanzberichterstattung verlangt (s. Tab. 3-4, S. 41-42). Der Vorstand trägt hierbei die Verantwortung für die Implementierung des Systems, der Aufsichtsrat steht dagegen bei der Verifizierung der Funktionsfähigkeit in der Pflicht.[206]

---

[203] Vgl. hierzu den Wortlaut der Section 302 im Anhang, S. VII-VIII.

[204] Quelle: Sarbanes-Oxley Act of 2002 (SOX), Title III, S. 31-41.

[205] Vgl. weiterführend Sarbanes-Oxley Act of 2002 (SOX), Title IV, S. 41-47.

[206] Vgl. Deloitte & Touche (2005c), S.1.

Section	Inhalt
401	**Disclosures in Periodic Reports** (Auskünfte in regelmäßigen Berichten)
402	**Enhanced Conflict of Interest Provisions** (Erweiterte Bestimmungen zu Interessenkonflikten)
403	Disclosures of Transactions Involving Management and Principal Stockholders (Auskünfte über Transaktionen von Managern und Hauptaktionären)
404	**Management Assessment of Internal Controls**[207] (Prüfung und Dokumentation des internen Kontrollsystems)
405	**Exemption** (Ausnahme)
406	**Code of Ethics for Senior Financial Officers** (Ethik-Kodex für Leiter der Finanzabteilung)
407	**Disclosure of Audit Committee Financial Expert** (Auskunft des Finanzexperten des Prüfungsausschusses)
408	**Enhanced Review of Periodic Disclosures by Issuers** (Erweiterte Revision der regelmäßigen Auskünfte durch Emittenten)
409	Real time issuer disclosures (Echtzeit-Reporting)

Tab. 3-4: Enhanced Financial Disclosures[208]

3.3.2.5 Title V – Analyst Conflicts of Interest

TITLE V – ANALYST CONFLICTS OF INTEREST[209] definiert Vorschriften zur Verhinderung von Interessenkonflikten seitens der Finanzanalysten (s. Tab. 3-5).

Section	Inhalt
501	**Treatment of Securities Analysts by Registered Securities Associations and National Securities Exchanges** (Betrachtung von Wertpapier-Analysten durch amtlich registrierte Wertpapiergesellschaften und nationale Wertpapierbörsen)

Tab. 3-5: Analyst Conflicts of Interest[210]

3.3.2.6 Title VI – Commission Resources and Authority

TITLE VI – COMMISSION RESOURCES AND AUTHORITY[211] enthält Einzelregelungen zu den Befugnissen der Börsenaufsichtsbehörde „US Securities and Exchange Commission"[212] (s. Tab. 3-6).

---

[207] Vgl. hierzu den Wortlaut der Section 404 im Anhang, S. IX.

[208] Quelle: Sarbanes-Oxley Act of 2002 (SOX), Title IV, S. 41-47.

[209] Vgl. weiterführend Sarbanes-Oxley Act of 2002 (SOX), Title V, S. 47-49.

[210] Quelle: Sarbanes-Oxley Act of 2002 (SOX), Title V, S. 47-49.

[211] Vgl. weiterführend Sarbanes-Oxley Act of 2002 (SOX), Title VI, S. 49-52.

[212] Nachfolgend wird für die Börsenaufsichtsbehörde (US Securities and Exchange Commission) synonym das Kürzel „SEC" verwendet. Eine nähere Beschreibung findet sich in Abschnitt 3.3.3.1, S. 46.

Section	Inhalt
601	**Authorization of Appropriations** (Genehmigung von (Mittel-)Bereitstellungen)
602	**Appearance and Practice before the Commission** (Auftreten und Anwendung vor der Bundesaufsichtsbehörde)
603	**Federal Court Authority to Impose Penny Stock Bars** (Befugnis des Bundesgerichts zur Verhängung von Restriktionen über Kleinaktien)
604	**Qualifications of Associated Persons of Brokers and Dealers** (Qualifikationen von Personen, die Maklern und Börsenhändlern nahe stehen oder in besonderer Weise mit ihnen in Verbindung stehen)

Tab. 3-6: Commission Resources and Authority[213]

3.3.2.7 Title VII – Studies and Reports

TITLE VII – STUDIES AND REPORTS[214] bestimmt die Themenbereiche, zu denen Studien und Berichte durch US-amerikanische Behörden erstellt werden müssen. Diese Themenbereiche schließen respektive Gesetzesverstöße, Strafverfolgungen und Investmentbanken sowie Rating-Gesellschaften ein. (s. Tab. 3-7).

Section	Inhalt
701	**GAO[215] Study and Report Regarding Consolidation of Public Accounting Firms** (Studie und Bericht des GAO in Bezug auf die Zusammenführung von Aktiengesellschaften)
702	**Commission Study and Report Regarding Credit Rating Agencies** (Studie und Bericht der Bundesaufsichtsbehörde über Credit Rating-Gesellschaften[216])
703	**Study and Report on Violators and Violations** (Studie und Bericht über Gesetzesübertreter und Gesetzesverstöße)
704	**Study of Enforcement Actions** (Studie über Strafverfolgungen)
705	**Study of Investment Banks** (Studie über Investmentbanken)

Tab. 3-7: Studies and Reports[217]

---

[213] Quelle: Sarbanes-Oxley Act of 2002 (SOX), Title VI, S. 49-52.

[214] Vgl. weiterführend Sarbanes-Oxley Act of 2002 (SOX), Title VII, S. 53-56.

[215] Das Government Accountability Office (GAO, früher General Accounting Office) ist eine US-amerikanische Behörde, die den Kongress bei der Untersuchung von Ausgaben und Programmen der Regierung unterstützt. Vgl. weiterführend Government Accountability Office (2006). Internet: http://www.gao.gov.

[216] Namhafte Vertreter sind beispielsweise Moody´s, http://www.moodys.com, und Standard & Poor´s, http://www.standardandpoors.com.

[217] Quelle: Sarbanes-Oxley Act of 2002 (SOX), Title VII, S. 53-56.

3.3.2.8 Title VIII – Corporate and Criminal Fraud Accountability

TITLE VIII – CORPORATE AND CRIMINAL FRAUD ACCOUNTABILITY[218] umfasst Regelungen zu den Haftungen und Strafmaßnahmen im Falle eines Wirtschaftbetruges (s. Tab. 3-8, S. 43-44).

Section	Inhalt
801	Short Title
802	**Criminal Penalties for Altering Documents** (Strafmaßnahmen bei Dokumentenfälschung)
803	**Debts non-dischargeable if Incurred in Violation of Securities Fraud Laws** (Nicht-ablösbare Verbindlichkeiten, die durch die Verletzung von Wertpapierhandelsgesetzen entstehen)
804	**Statute of Limitations for Securities Fraud** (Verjährungsvorschriften für Wertpapier-Betrugsdelikte)
805	**Review of Federal Sentencing Guidelines for Obstruction of Justice and Extensive Criminal Fraud** (Revision der Verurteilungsrichtlinien des Bundes bei Justizbehinderung und schweren Betrugs- oder Täuschungsdelikten)
806	**Protection for Employees of Publicly Traded Companies who Provide Evidence of Fraud** (Schutz von Mitarbeitern öffentlich notierter Gesellschaften, die den Nachweis des Betruges erbringen)
807	**Criminal Penalties for Defrauding Shareholders of Publicly Traded Companies** (Strafmaßnahmen bei Betrug von Anteilseignern öffentlich notierter Gesellschaften)

Tab. 3-8: Corporate and Criminal Fraud Accountability[219]

3.3.2.9 Title IX – White-Collar Crime Penalty Enhancements

TITLE IX – WHITE-COLLAR CRIME PENALTY ENHANCEMENTS[220] verschärft die strafrechtlichen Bestimmungen bei unwahrer eidesstattlicher Bestätigung (s. Tab. 3-9).

---

[218] Vgl. weiterführend Sarbanes-Oxley Act of 2002 (SOX), Title VIII, S. 56-60.

[219] Quelle: Sarbanes-Oxley Act of 2002 (SOX), Title VIII, S. 56-60.

[220] Vgl. weiterführend Sarbanes-Oxley Act of 2002 (SOX), Title IX, S. 60-62.

Section	Inhalt
901	Short title
902	Attempts and Conspiracies to Commit Criminal Fraud Offenses (Versuchte Betrugsdelikte und Verschwörungen)
903	**Criminal Penalties for Mail and Wire Fraud** (Strafmaßnahmen bei Betrugsdelikten im Postverkehr und in der elektronischen/telegrafischen Kommunkation)
904	Criminal Penalties for Violations of the Employee Retirement Income Security Act of 1974[221] (Strafmaßnahmen bei Missachtungen des Employee Retirement Income Security Act of 1974)
905	**Amendment to Sentencing Guidelines Relating to Certain White-Collar Offenses** (Änderung an den Verurteilungsrichtlinien in Bezug auf bestimmte Wirtschaftsdelikte)
906	**Corporate responsibility for financial reports** (Haftung des Unternehmens für die Finanzberichterstattung)

Tab. 3-9: White-Collar Crime Penalty Enhancements[222]

3.3.2.10 Title X – Corporate Tax Returns

TITLE X – CORPORATE TAX RETURNS[223] verlangt die Unterzeichnung der Steuererklärung des Unternehmens durch den CEO (s. Tab. 3-10).

Section	Inhalt
1001	**Sense of the Senate Regarding the Signing of Corporate Tax Returns by Chief Executive Officers** (Forderung des Senats, dass die Unterzeichnung der Unternehmenssteuererklärung durch den amtierenden CEO zu erfolgen hat.)

Tab. 3-10: Corporate Tax Return[224]

3.3.2.11 Title XI – Corporate Fraud and Accountability

TITLE XI – CORPORATE FRAUD AND ACCOUNTABILITY[225] enthält Bestimmungen über die Haftung der Geschäftsführung im Falle von Unregelmäßigkeiten. Diese können Dokumentenfälschung, Justizbehinderung oder sonstige Betrugsdelikte darstellen (s. Tab. 3-11).

---

[221] Der Employee Retirement Income Security Act of 1974 (ERISA) ist ein Bundesgesetz der USA zur Regelung der Pensionsfürsorge in der privaten Industrie. Vgl. hierzu Department of Labor (DOL). Für die Durchführung des Gesetzes ist die Employee Benefits Security Association (EBSA) des US Department of Labor (DOL) zuständig. Internet: http://www.dol.gov/ebsa.

[222] Quelle: Sarbanes-Oxley Act of 2002 (SOX), Title IX, S. 60-62.

[223] Vgl. weiterführend Sarbanes-Oxley Act of 2002 (SOX), Title X, S. 63.

[224] Quelle: Sarbanes-Oxley Act of 2002 (SOX), Title X, S. 63.

[225] Vgl. weiterführend Sarbanes-Oxley Act of 2002 (SOX), Title XI, S. 63-66.

Section	Inhalt
1101	Short Title
1102	**Tampering with a Record or otherwise Impeding an Official Proceeding** (Verfälschung von Dokumenten/Belegen oder sonstige Behinderung von Amts- und Rechtsverfahren)
1103	**Temporary Freeze Authority for the Securities and Exchange Commission** (Befugnis der SEC, außergewöhnliche Zahlungen an Geschäftsführer, Vorstände, Abschlussprüfer, Mitarbeiter und andere involvierte Personen während der Untersuchung einer möglichen Missachtung geltenden Wertpapierrechts vorübergehend einzufrieren)
1104	**Amendment to the Federal Sentencing Guidelines** (Änderungen an den Verurteilungsrichtlinien des Bundes)
1105	**Authority of the Commission to Prohibit Persons from Serving as Officers or Directors** (Befugnis der SEC, Personen den Dienst als Vorstand oder Geschäftsführer zu untersagen)
1106	**Increased Criminal Penalties under Securities Exchange Act of 1934** (Verschärfte Strafmaßnahmen unter dem Securities Exchange Act of 1934)
1107	**Retaliation against Informants** (Strafmaßnahmen bei Vergeltungshandlungen durch Beschuldigte gegen Informanten der SEC)

Tab. 3-11: Corporate Fraud and Accountability[226]

3.3.3 IT-spezifische Anforderungen des Sarbanes-Oxley Act

3.3.3.1 Vorbemerkung

Der Sarbanes-Oxley Act of 2002 setzt im Rahmen seiner Forderungen an das Management von Kapitalgesellschaften neue Maßstäbe im Bereich der internen Informationskontrolle. PricewaterhouseCoopers schreiben dazu:

> "In combination with new rules from the SEC and certain stock exchanges, The Act has set significantly higher corporate governance and financial disclosure standards. While currently the provisions of Sarbanes-Oxley are directed at public companies, their impact on the overall business environment is becoming dramatically more far reaching."[227]

Vom Sarbanes-Oxley Act betroffen sind jene Unternehmen, die bei der U.S. Securities and Exchange Commission (SEC)[228] registriert sind.[229] Mit der Verpflichtung zur

---

[226] Quelle: Sarbanes-Oxley Act of 2002 (SOX), Title XI, S. 63-66.

[227] PricewaterhouseCoopers (2005b), S. 1.

[228] Die US Securities and Exchange Commission (SEC) ist ein staatliches Aufsichtsorgan zur Kontrolle des Wertpapierhandels in den USA. Sie wurde mit dem Security Exchange Act im Jahre 1934 gegründet. Vgl. weiterführend Securities and Exchange Commission (2005), Internet: http://www.sec.gov

[229] Dadurch werden beispielsweise auch deutsche Unternehmen erfasst, die den US-amerikanischen Kapitalmarkt in Anspruch nehmen („Foreign Private Issuers"). Vgl. Dörner (2003), S. 51. Große US-amerikanische Unternehmen, deren Marktkapitalisierung 75 Mio. Dollar überschritten hat, werden in diesem Zusammenhang auch als „Accelerated Filers" bezeichnet. Vgl. hierzu Menzies et al. (2005), S. 20.

Bilanzbeeidung durch den Vorstand von SEC-regulierten Unternehmen hat der Sarbanes-Oxley Act im Rahmen der Corporate Governance Initiative ein deutliches Zeichen gesetzt.[230] Die damit verbundenen Konsequenzen für die unternehmensinterne Informationspolitik spiegeln sich unübersehbar in den IT-spezifischen Anforderungen wider. Das Gesetz zieht dabei die Aufmerksamkeit auf die internen Kontrollmechanismen zur Überwachung des Rechnungswesens und der Finanzberichterstattung[231]: „Die Forderung nach der Installierung und Fortentwicklung eines effektiven internen Kontrollsystems durch den CEO und CFO ist das Kernstück dieser Bestrebung."[232] Für die betroffenen Unternehmen ergibt sich daraus ein unmittelbarer Handlungsbedarf, um die neuen Anforderungen rechtskonform zu erfüllen. So stehen der Konformität mit dem Sarbanes-Oxley Act oftmals zahlreiche Hindernisse im Weg, obgleich Unternehmen im Normalfall bereits über integrierte Kontrollmechanismen in ihren Geschäftsprozessen verfügen.[233]

3.3.3.2 Section 302: Management Anforderungen

SECTION 302 CORPORATE RESPONSIBILITY FOR FINANCIAL REPORTS[234] des Sarbanes-Oxley Act of 2002 verpflichtet sowohl CEO (Chief Executive Officer) als auch CFO (Chief Financial Officer) einer Kapitalgesellschaft zu folgenden Beeidigungen:

- CEO und CFO haben die Quartals- und Jahresberichte, die bei der U.S. Securities and Exchange Commission (SEC) eingereicht werden, überprüft. Gemäß ihres Wissens enthalten sie keine unwahren Aussagen oder Halbwahrheiten. Die Finanzdaten der Berichte werden korrekt repräsentiert.[235]

- CEO und CFO müssen darüber hinaus bestätigen, dass sie für die Umsetzung und Einhaltung der internen Finanzkontrollen ihrer Gesellschaften voll verantwortlich sind. Sie sind verpflichtet, die Gestaltung solcher Finanzkontrollen in einer Weise vorzunehmen, die den korrekten

---

[230] Vgl. hierzu Deloitte & Touche (2005c), S. 1.

[231] Vgl. Blosch; Hunter (2004), S. 6.

[232] Deloitte & Touche (2005c), S. 1.

[233] Vgl. hierzu Deloitte & Touche (2005c), S. 2.

[234] Vgl. weiterführend Sarbanes-Oxley Act of 2002 (SOX), Section 302, S. 33f. Der vollständige und exakte Wortlaut der Section 302 findet sich auch im Anhang A (1), S. VII-VIII.

[235] Vgl. hierzu Prentice (2005), S. 25 und Lander (2005), S. 7 sowie weiterführend Sarbanes-Oxley Act of 2002 (SOX), Section 302, S. 33.

Informationsfluss zum Management garantiert. Des Weiteren bestätigen sie eine kürzlich durchgeführte Evaluierung der Effektivität der internen Finanzkontrollen sowie die Präsentation der Schlussfolgerungen aus den Evaluierungen.[236]

- Zusätzlich bescheinigen CEO und CFO die wahrheitsgemäße Berichterstattung an die Wirtschaftsprüfer einschließlich aller signifikanten Mängel und materiellen Schwachstellen der internen Kontrollen.[237]

- Abschießend müssen CEO und CFO Auskunft darüber geben, ob nach der erfolgten Evaluierung signifikante Veränderungen an den Kontrollen vollzogen wurden, um eventuelle Einflüsse auf das Evaluierungsergebnis zu dokumentieren.[238]

3.3.3.3 Section 404: Management Anforderungen

SECTION 404 MANAGEMENT ASSESSMENT OF INTERNAL CONTROLS[239] des Sarbanes-Oxley Act of 2002 ergänzt SECTION 302 und verlangt, dass jeder Jahresbericht einen Bericht über interne Kontrollen enthalten muss, welche die Verantwortung des Managements für adäquate interne Kontrollstrukturen unterstreicht.[240] Die Unternehmensleitung wird hierbei selbst zur Einrichtung eines funktionsfähigen internen Kontrollsystems in die Verantwortung genommen. Sie verpflichtet darüber hinaus die Wirtschaftsprüfer zur Bewertung der internen Kontrollmechanismen[241] sowie der Rechnungslegung und Jahresabschlüsse des Unternehmens.[242] Die Einschätzungen

---

[236] Vgl. hierzu Prentice (2005), S. 25 sowie weiterführend Sarbanes-Oxley Act of 2002 (SOX), Section 302, S. 33.

[237] Vgl. hierzu Prentice (2005), S. 25 und Lander (2005), S. 7 sowie weiterführend Sarbanes-Oxley Act of 2002 (SOX), Section 302, S. 33. Die materiellen Schwachstellen können dazu führen, dass wesentliche Fehler innerhalb der Finanzberichterstattung durch die internen Kontrollmechanismen nicht (rechtzeitig) erkannt und verhindert werden können. Vgl. hierzu Menzies et al. (2005), S. 20.

[238] Vgl. hierzu Prentice (2005), S. 25 sowie weiterführend Sarbanes-Oxley Act of 2002 (SOX), Section 302, S. 33.

[239] Vgl. weiterführend Sarbanes-Oxley Act of 2002 (SOX), Section 404, S. 45. Der vollständige und exakte Wortlaut der Section 404 findet sich auch im Anhang A (2), S. IX.

[240] Vgl. Prentice (2005), S. 35, Lander (2005), S. 19 sowie Sarbanes-Oxley Act of 2002 (SOX), Section 404, S. 45.

[241] Gegenstand der Regelung sind dabei sind sämtliche interne Kontrollen, die in Verbindung mit der Rechnungslegung stehen. Vgl. hierzu KPMG (2005).

[242] Vgl. Prentice (2005), S. 36, Lander (2005), S. 19 sowie Sarbanes-Oxley Act of 2002 (SOX), Section 404, S. 45.

und Bewertungsergebnisse sind in Form eines separaten Berichts zusammen mit den Jahresabschlüssen durch das Unternehmen einzureichen.[243] Der Jahresabschlussprüfer bestätigt und berichtet über die Einschätzungen und Berichte der Unternehmensleitung.[244]

SECTION 404 lässt sich zusammenfassend wie folgt darstellen:

- SECTION 404 (a) beschreibt die Verantwortlichkeiten der Unternehmensführung in Bezug auf die Einrichtung und die Wartung eines funktionsfähigen internen Kontrollsystems und der dazugehörigen Prozeduren für die Finanzberichterstattung und die Evaluierung der Funktionsfähigkeit selbst.[245] Die Verantwortungsbereich des Managements umfasst hierbei die folgenden Aufgaben[246]:

  - o Übernahme der Verantwortung für die Funktionsfähigkeit des Kontrollsystems der Finanzberichterstattung

  - o Evaluierung des Kontrollsystems anhand geeigneter Kontrollkriterien (z.B. Kriterien gemäß COSO)

  - o Unterstützung der Evaluierung durch Nachweiserbringung und Dokumentation

  - o Vorlage einer schriftlichen Bewertung des internen Kontrollsystems

- SECTION 404 (b) beschreibt die Verantwortlichkeiten der unabhängigen Wirtschaftsprüfer im Rahmen ihrer Prüfungs- und Berichterstattungstätigkeiten über die internen Kontrollmechanismen des Managements.[247]

3.3.4 Auswirkungen des Sarbanes-Oxley Act auf die IT-Governance

3.3.4.1 Vorbemerkung

Die Einflussnahme des Sarbanes-Oxley Act auf die Corporate Governance Initiative ist unbestritten.[248] Im Zuge des Bemühens, das Vertrauen der Investoren in den

---

[243] Vgl. hierzu Lander (2005), S. 19.

[244] Vgl. KPMG (2005).

[245] Vgl. KPMG (2003a), S.1

[246] Vgl. zu nachfolgender Aufzählung KPMG (2004), S. 2.

[247] Vgl. KPMG (2003a), S. 1.

Kapitalmarkt der USA wiederherzustellen, gibt der Sarbanes-Oxley Act als legislativer Schritt ein deutliches Signal bezüglich der Relevanz der Corporate Governance in Unternehmen aus: Effektive Corporate Governance und Unternehmensethik sind nicht länger optional, sondern werden explizit durch den Sarbanes-Oxley Act eingefordert.[249] Als integraler Bestandteil der Corporate Governance Strategie ist die IT-Governance somit unmittelbar durch die Auswirkungen des Sarbanes-Oxley Act betroffen.

3.3.4.2 Konsequenzen der Section 302

In der Vergangenheit wurde dem Anspruch einer durchgängig korrekten Rechnungslegung seitens des Managements oftmals nur unzureichend Rechnung getragen.[250] Mit SECTION 302 des Sarbanes-Oxley hat sich die Situation – insbesondere für den CEO – entscheidend gewandelt. Der CEO haftet heute persönlich für Richtigkeit der Jahresabschlüsse[251] und kann sich nicht länger auf den guten Glauben berufen. Aus dieser Rechtslage ergibt sich eine direkte Relevanz für die IT-Governance, die für den Informationsfluss vom Rechnungswesen hin zum Management den höchstmöglichen Servicegrad[252] garantieren muss:

> "The rules require these principal executive and financial officers to certify that the report is accurate, complete, and fairly presented and to take responsibility for maintaining and evaluating the issuer´s "disclosure controls and procedures"."[253]

Die gesamte IT-Infrastruktur muss vor dem Hintergrund von SECTION 302 auf die internen Prozesse der Informationsversorgung ausgerichtet werden.

3.3.4.3 Konsequenzen der Section 404

SECTION 404 ist die kontroverseste der Vorkehrungen, die der Sarbanes-Oxley Act aufzubieten hat.[254] Die Erfahrungen aus dem ersten Jahr nach Einführung des Sarbanes-Oxley Act haben gezeigt, dass sich die natürliche Reaktion seitens der Unternehmen auf

---

[248] Vgl. Dörner (2003), S. 51ff.

[249] Vgl. Blosch; Hunter (2004), S. 6.

[250] Vgl. hierzu Prentice (2005), S. 26.

[251] Im Falle der Unrichtigkeit kann der CEO beispielsweise zur Rückzahlung erfolgsabhängiger Zahlungen verpflichtet werden. Im Betrugsfall drohen dem Management im Zuge der Verschärfung der Strafvorschriften hohe Freiheitsstrafen. Vgl. hierzu Dörner (2003), S. 52.

[252] Es sei an dieser Stelle daran erinnert, dass die Bereitstellung von Informationen über die Finanzlage des Unternehmens eine interne IT-Dienstleistung darstellt, deren Output als Grundlage der Rechnungslegung dient.

[253] KPMG (2003b), S. 22.

[254] Vgl. Prentice (2005), S. 36.

die SECTION 404 durch Anpassungen im Bereich des Projektmanagements ausprägte.[255] Doch dieses Maßnahmen genügen bei Weitem nicht. Deloitte & Touche stellen hierzu fest: "A strong, enterprise-wide, executive-driven internal control management program is essential to achieving section 404 compliance."[256]

Die durch SECTION 404 geschaffene Ausgangslage impliziert unter Umständen drastische Anforderungen an das Risikomanagement.[257] Hier ist insbesondere eine Umgestaltung der Managementprozesse durch die Vorgaben der unternehmensinternen IT-Governance gefragt. Ziel sollte dabei die Implementierung eines integrierten Risikomanagementsystems sein, das Risiken aufdeckt, minimiert und sich somit zu einem integralen Werkzeug der Unternehmensführung gestalten lässt.[258] Dies macht eindeutige Rollenverteilungen und die Definition der Verantwortungsbereiche[259] in den Organisationseinheiten der Informationstechnik unerlässlich. Die Implementierung effektiver Dokumentationsprozesse[260] zur Gewährleistung der Informationsgüte fällt dabei unmittelbar in den Bereich der IT-Governance Strategie. Jedoch muss stets berücksichtigt werden, dass Umsetzung, Dokumentation und Evaluierung der internen Kontrollprozesse für jedes Unternehmen mit einem hohen Kostenaufwand verbunden sind.[261] Daraus ergeben sich unmittelbare Konsequenzen für den Bedarf nach einer effektiven IT-Governance, zu deren Zieldefinitionen die Kosten- und Risikominimierung bei gleichzeitiger Verbesserung der Informationsqualität gehört:

„ ... section 404 marks the first time that companies have been legally required to evaluate and test their controls in the IT environment in such depth and detail. Many organizations, systematically examining their IT control environment for perhaps the first time, are uncovering pervasive control issues that may compromise section 404 compliance."[262]

---

[255] Vgl. hierzu PricewaterhouseCoopers (2005a), S. 5.

[256] Deloitte & Touche (2004), S. 1.

[257] Vgl. Deloitte & Touche (2004), S. 1.

[258] Vgl. hierzu Deloitte & Touche (2005c), S. 2.

[259] Prentice (2005), S. 36 zählt in diesem Zusammenhang die Einteilung von Zeitrahmen und die Erstellung von Verantwortlichkeitslisten zu den Best Practice Methoden für die Compliance mit Section 404 des Sarbanes-Oxley Act.

[260] Vgl. Prentice (2005), S. 36.

[261] Vgl. hierzu Prentice (2005), S. 37.

[262] Deloitte & Touche (2004), S. 5.

Die Herausforderungen, denen die IT-Governance angesichts der SECTION 404 gegenüber steht, erfordern daher ein eigenes Framework für IT-spezifische, interne Kontrollprozesse.

> "Vor allem ist ein testierbarer Rahmen zu schaffen, der einerseits die Kontrollprozesse mit der Corporate Governance des Unternehmens verknüpft und andererseits dem CEO und CFO ein Instrumentarium zur Steuerung und Weiterentwicklung der Kontrollprozesse bietet."[263]

In Anlehnung an das COSO-Modell[264] der SEC kann ein solches Framework wie folgt gegliedert werden[265]:

- **Monitoring:** Regelmäßige Evaluierung der Effektivität der eingesetzten IT-Kontrollprozesse

- **Information & Communication:** Verlässliche Erhebung, Organisation, Bearbeitung und Übermittlung von Informationen innerhalb des Unternehmens

- **Control Activities:** Automatisierung und verlässliche Durchführung der internen Kontrollprozesse

- **Risk Assessment:** Identifikation, Bewertung und Dokumentation der IT-bezogenen Risiken

- **Control Environment:** Umsetzung eines anerkannten Framework für IT-spezifische, interne Kontrollprozesse (z.B. COBIT - vgl. *Abschnitt 4.3* - oder ähnliche)

---

[263] Deloitte & Touche (2005c), S. 2.

[264] Dabei handelt es sich um einen durch das SEC anerkannten Standard für interne Kontrollen, der durch das Committee of Sponsoring Organizations of the Treadway Commission (COSO) publiziert wurde. Internet: http://www.coso.org. Vgl. weiterführend KPMG (2003a), S. 2.

[265] Vgl. zu nachfolgender Aufzählung Deloitte & Touche (2004), S. 5.

4 Standards des IT-Qualitätsmanagements: ITIL und COBIT

4.1 Umsetzung von IT-Governance

Der Prozess für die Umsetzung von IT-Governance beginnt mit der Zieldefinition, die für alle IT-Bereiche des Unternehmens bindend ist.[266] Daraus ergibt sich zunächst ein Zusammenspiel von Zielvorgaben und IT-Prozessen, welches sich auf konzeptioneller Ebene darstellen lässt (vgl. Abb. 4-1).

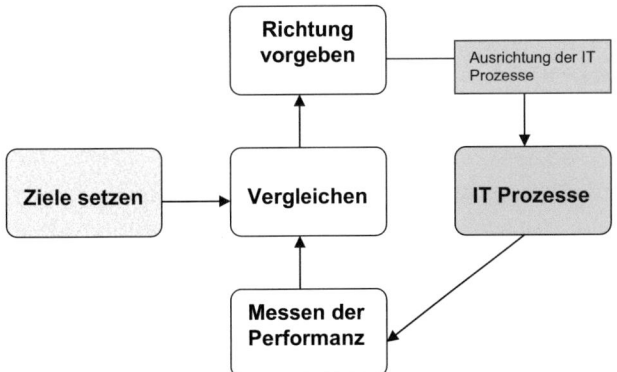

Abb. 4-1: Interaktion der Zielvorgaben und IT-Prozesse[267]

Durch die Vorgabe einer Zielrichtung müssen sich die Prozesse der Informationstechnik an genau definierten Anforderungen ausrichten. Einige dieser Anforderungen sind[268]:

- Gesteigerte Automation zur Gestaltung effizienterer Unternehmensprozesse, einhergehend mit einer messbaren Nutzensteigerung

- Kostensenkung, die das Unternehmen effizienter macht

- Risikomanagement zur Gewährleistung von Sicherheit, Verfügbarkeit und Einhaltung gesetzlicher Bestimmungen (zur Minimierung von Haftungsrisiken)

---

[266] Vgl. IT Governance Institute (2003), S. 11.

[267] In Anlehnung an IT Governance Institute (2003), S. 12.

[268] Vgl. zu nachfolgender Aufzählung IT Governance Institute (2003), S. 12.

Das Messen der Performanz dient der Beurteilung der Wirksamkeit und Effizienz der durch die IT-Governance ausgerichteten IT-Prozesse. Als potenzielle Kennzahlen zur Beurteilung der gesamten IT-Governance Struktur können folgende Indikatoren (Key Performance Indicators) herangezogen werden[269]:

- Kennzahlen der Geschäftsprozesse

- Produkt- / Service-Innovationskennzahlen

- Nutzenrealisierungskennzahlen

- Servicekennzahlen

- Interne IT-Kennzahlen für operationale Performanz und Prozesse

Das IT-Qualitätsmanagement stellt hierbei geeignete Methoden zur Ausrichtung der Informationstechnik an die gestellten Anforderungen und zur Messung ihrer Wirksamkeit bereit. Dies begründet sich darin, dass sich das IT-Qualitätsmanagement insbesondere mit den Aspekten der Risikominimierung und Wirtschaftlichkeit bei der Gestaltung der IT-Prozesse befasst und die Informationstechnik grundsätzlich auf die Unternehmensziele ausrichtet (vgl. Abschnitt 2.2.3). Mit dem Einsatz bereits bewährter Standards lässt sich die Umsetzung von IT-Governance unter Berücksichtigung oben genannter Anforderungen effizient und effektiv unterstützen.

Mittlerweile kann auf eine Reihe solcher (internationaler) Standards zur Umsetzung der IT-Governance im Rahmen des IT-Qualitätsmanagements zurückgegriffen werden:

> "A number of frameworks can provide support to the supervision of the desired IT behavior. On the basis of performance indicators and controls, such frameworks make it possible to observe what is happening."[270]

Sie lassen sich entsprechend ihrer Ausrichtung wie folgt klassifizieren[271]:

- Architektur

- Projektmanagement und Softwareentwicklung

- Sicherheit und Risikomanagement

- Organisation, Prozesse und Qualitätsmanagement

---

[269] Vgl. zu nachfolgender Aufzählung Brenner et al. (2003), S. 19.

[270] Bloem et al. (2006), S. 235.

[271] Vgl. zu nachfolgender Aufzählung Bernhard et al. (2003), S. 265ff.

Die im Rahmen dieser Arbeit behandelten Standards *IT Infrastructure Library (ITIL)* und *Control Objectives for Information and Related Technology (COBIT)* beschreiben Standards des Qualitätsmanagements und gehören somit der letzten Kategorie an. Speziell bei ITIL handelt es sich um eine Sammlung von Best-Practice Methoden, die zum Aufbau von Führungsstrukturen um IT-Prozesse herum in Betracht gezogen werden kann.[272] Vor dem Hintergrund der Transparenz in größeren Organisationen hat sich ITIL im IT-Management bereits erfolgreich etabliert.[273] COBIT trägt mit der Definition von 34 kritischen IT-Prozessen ebenfalls zur Rahmengestaltung einer IT-Governance in Unternehmen bei.[274] Es bleibt daher die Frage zu beantworten, ob die betrachteten Standards des IT-Qualitätsmanagements - ungeachtet ihres Status in der Praxis – auch als effektive und effiziente Standards für IT-Governance angesehen werden können. Die Berücksichtigung der Konformität mit dem Sarbanes-Oxley Act muss dabei ein ausschlaggebender Aspekt für entsprechende Untersuchungen sein.

4.2 ITIL (Information Technology Infrastructure Library)

4.2.1 Grundlagen und Überblick

ITIL ist die Abkürzung für den Mitte der 1980er Jahre von der Central Computer and Telecommunications Agency (CCTA)[275] in Norwich (United Kingdom) im Auftrag der britischen Regierung entwickelten Leitfadenkatalog[276] Information Technology Infrastructure Library (ITIL). Die steigende Abhängigkeit der öffentlichen Verwaltung von der Verfügbarkeit ihrer Informationssysteme und Qualität der eingesetzten IT-Prozesse wurde offensichtlich.[277] Seitens der Regierung wurde daher die Effizienz und

---

[272] Vgl. Zarnekow et al. (2005), S. 61 und 65 oder Bernhard et al. (2003), S. 272.

[273] Vgl. Knöpp et al. (2005), S. 125.

[274] Vgl. Zarnekow et al. (2005), S. 62. Hier wird jedoch auch die Aussage getroffen, dass COBIT trotz hoher Verbreitung in der Praxis kein Standard im Bereich des Informationsmanagements sei.

[275] Seit 1.4.2001 Office of Government Commerce (OGC). Als IT-Dienstleister der britischen Regierung war die CCTA Initiator der Entwicklung von ITIL. Internet: http://www.ogc.gov.uk

[276] Die ITIL-Bibliothek wurde als englischsprachige Dokumentation von Konzepten, Prozessen und Methoden für das IT-Management konzipiert und besteht aus mehreren Buchbänden. Vgl. Hochstein et al. (2004), S. 383. Der große Umfang der Bibliothek begründet sich darin, dass die unterschiedlichen Bücher die gesamte IT-Organisation unter Berücksichtigung ihrer Besonderheiten abbilden. Vgl. hierzu Knöpp et al. (2005), S. 130.

[277] Vgl. Knöpp et al. (2005), S. 6.

Effektivität der durch die englischen Behörden erbrachten IT-Dienstleistungen erheblich in Frage gestellt, so dass ein Bedarf nach Dokumentation und Vereinheitlichung der IT-Prozesse entstand.[278] Die Entwicklung von ITIL erfolgte in enger Kooperation mit Unternehmen, Betreibern von Rechenzentren sowie IT-Spezialisten und setzte zunächst bei der Definition der existenziellen Prozesse der IT-Services an.[279] Auf dieser Grundlage werden seit 1995 Best Practice[280] Konzepte für die Planung, Überwachung und Steuerung IT-Dienstleistungen in einer prozessorientierten Sammlung zusammengefasst und veröffentlicht.[281] Gemeinsames Ziel aller Practices ist die erfolgreiche Etablierung einer Unternehmens- und Geschäftsprozessorientierung sowie die konsequente Ausrichtung der IT-Dienstleistungen an den Anforderungen der Dienstleistungsnehmer.[282] Im Mittelpunkt steht dabei die grundlegende Forderung nach einem hohem Standardisierungsgrad der Informationstechnik[283] sowie Kostenminimierung bei gleichzeitiger Verbesserung der Qualität der IT-Dienstleistungen, ungeachtet ob der Dienstleistungsnehmer der öffentlichen Verwaltung oder der Privatwirtschaft angehört.[284] So bedienen sich gleichermaßen Unternehmen der ITIL-Bibliothek, um die beschriebenen Verfahren und Vorgehensweisen für ein effektives IT-Service Management zu nutzen.[285] Die rasch wachsende Akzeptanz von ITIL führte zu einer kontinuierlichen Verbreitung und Weiterentwicklung, die heute durch das international tätige IT-Service Management Forum (ITSMF)[286] vorangetrieben wird.[287]

---

[278] Vgl. hierzu Zarnekow et al. (2005), S. 54.

[279] Vgl. Köhler (2005), S. 24.

[280] Best Practice steht für die Orientierung an allgemein anerkannten und gelebten Standards, die maximale Vorteile für die Optimierung der angestrebten Zielerreichung versprechen. Vgl. zudem Köhler (2005), S. 34.

[281] Vgl. Zarnekow et al. (2005), S. 54 und Bernhard et al. (2003), S. 327.

[282] Vgl. Knöpp et al. (2005), S. 5.

[283] Vgl. Schulze (2004), S. 38.

[284] Vgl. Knöpp et al. (2005), S. 6.

[285] Vgl. Köhler (2005), S. 24.

[286] Das IT-Service Management Forum (ITSMF) wurde 1991 in England gegründet und ist heute eine international anerkannte und lieferanten- sowie produktunabhängige Organisation, deren Mitglieder sich dem IT-Service Management (ITSM) widmen und den Erfahrungsaustausch zwischen IT-Dienstleistern pflegen und fördern. Eine der Kerndisziplinen des ITSMF ist die Entwicklung und Bekanntmachung von Best Practice Verfahren und Standards im Bereich des Service Management. Vgl. hierzu IT Service Management Forum (2006) und Knöpp et al. (2005), S. 8. Das ITSMF ist im Vereinigten Königreich, in

4.2.2 Struktur des ITIL-Frameworks

Grundgedanke des ITIL-Framework ist die konsequente Serviceorientierung[288] der IT-Dienstleistungen durch den Einsatz prozessorientierter Best Practice Verfahren.[289] Das bedeutet, dass IT-Dienstleistungen von den Kundenanforderungen ausgehend definiert werden müssen.[290] Die internen Geschäftsprozesse unterliegen folglich gleichsam einer strikten Kundenorientierung. Aufgrund der höheren Praxisrelevanz[291] erscheint es sinnvoll, den Bereich des IT-Service Management innerhalb der ITIL-Bibliothek von den anderen Bereichen zur gesonderten Betrachtung abzugrenzen. Er umfasst die Module Service Delivery und Service Support[292], die ihrerseits in grundlegende Service-Prozesse unterteilt sind.[293] Das Kernmodul Service Delivery beinhaltet dabei die langfristige Planung und Verbesserung der IT-Dienstleistungen[294], wogegen das Modul Service Support die tägliche Erbringung und Unterstützung der IT-Services zum Gegenstand hat.[295]

---

den Benelux-Ländern, den USA und Kanada, Südafrika, Australien sowie Deutschland vertreten. Internet: http://www.itsmf.com und http://www.itsmf.de

[287] Vgl. Hochstein et al. (2004), S. 383.

[288] Serviceorientierung bedeutet in diesem Zusammenhang Dienstleistung entlang einer Anwendung oder Anwendungsfolge sowie aller sonstigen Systeme und Infrastrukturkomponenten, die an der Leistungserstellung beteiligt sind. Vgl. zudem Knöpp et al. (2005), S. 7.

[289] Vgl. Zarnekow et al. (2005), S. 54.

[290] Vgl. Zarnekow et al. (2005), S. 54.

[291] Zarnekow et al. (2005), S. 56 sprechen hier vom eigentlichen Kern des ITIL-Framework, dem in der Praxis eine besondere Bedeutung zukommt. Vgl. auch Hochstein et al. (2004), S. 383.

[292] Vgl. hierzu Hochstein et al. (2004), S. 383 oder Köhler (2005), S. 41.

[293] Köhler (2005), S. 41 spricht hierbei von den zehn wichtigsten Service-Prozessen innerhalb der ITIL-Bibliothek.

[294] Vgl. Kresse et al. (2005), S. 55.

[295] Vgl. Kresse et al. (2005), S. 27.

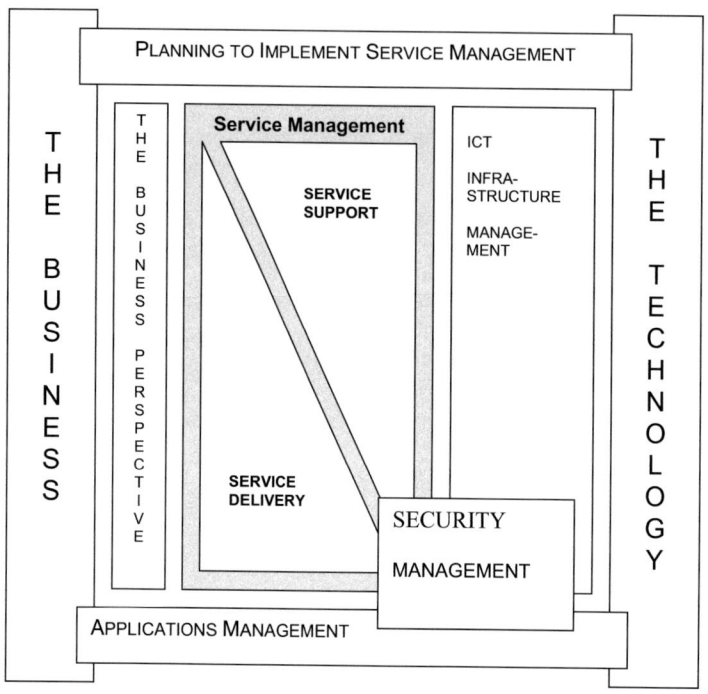

Abb. 4-2: ITIL-Struktur im allgemeinen Kontext[296]

Eine Entscheidende Rolle zur Messung der Qualität des IT-Service Management spielen Leistungsindikatoren, die bei ITIL Key Performance Indicators (KPI) genannt werden. Sie liefern Kennzahlen[297] zur Ermittlung der Leistungsfähigkeit der implementierten ITIL-Prozesse.[298] Zentrale Anforderung an die KPI ist, dass sie den Zustand hinreichend genau beschreiben und erklären, so dass eine gezielte Manipulation der Prozesse erreicht werden kann.[299] Um dem Anspruch an Vollständigkeit gerecht zu werden,

---

[296] In Anlehnung an Köhler (2005), S. 39 und Brand; Boonen (2004), S. 23.

[297] Aus der Menge möglicher Messpunkte sind jene relevanten Kennzahlen zu extrahieren, die sich auf bekannte Schwachstellen oder Engpässe beziehen. Für alle KPI müssen Zielwerte definiert werden; innerhalb eines betrachteten Zeitraumes kann dieser Zielwert für jeden Berichtszeitpunkt in Sollwerte aufgeteilt werden. Vgl. hierzu Kresse et al. (2005), S. 7.

[298] Vgl. Kresse et al. (2005), S. 7.

[299] Hierbei ist häufig die Betrachtung des Verhältnisses unterschiedlicher Leistungsindikatoren zueinander erforderlich, um eine realistische Aussage über die Prozessqualität treffen zu können. Vgl. hierzu Kresse et al. (2005), S. 7.

erfolgt zunächst ein Überblick über diejenigen Module, die nicht unmittelbar dem IT-Service Management untergeordnet sind.[300]

4.2.3 ITIL-Module außerhalb des IT-Service Managements

4.2.3.1 Business Perspective

Das Modul Business Perspective deckt die Bereiche ab, die sich mit den IT-Services aus Sicht der Geschäftsleitung befassen: „The Business Perspective book is - ... - concerned with helping business managers to understand IT service provision."[301] Vom Standpunkt des Managements aus betrachtet, stehen hierbei folgende Aspekte im Mittelpunkt des Interesses[302]:

- Beziehungen zwischen der IT-Organisation des Unternehmens und ihren externen Dienstleistungspartnern

- Beziehungen zwischen der IT-Organisation und externen Facility Management[303] Unternehmen

- Outsourcing von IT-Dienstleistungen

- Business Continuity Management

Die Business Perspective beschreibt darüber hinaus die Zusammenarbeit mit dem Kunden aus Sicht der IT.[304]

4.2.3.2 Planning to Implement Service Management

Der Hauptbereich Planning to Implement Service Management umfasst die Planung, Einführung und kontinuierliche Verbesserung der ITIL-Prozesse.[305] Dies schließt insbesondere die Anpassung der Prozesse an neue Anforderungen ein.[306] Die

---

[300] Für die IT-Governance besitzen diese Module aufgrund ihrer geringen Bedeutung in der Praxis jedoch keine signifikante Relevanz und werden daher nur beiläufig abgehandelt.

[301] Brand; Boonen (2004), S. 23.

[302] Vgl. zudem Köhler (2005), S. 39.

[303] Gegenstand des Facility Management ist die praktische Koordination des physischen Arbeitsplatzes mit den Menschen und der Arbeit der Organisation. Zu den Facilities zählen dabei neben Immobilien, Sachressourcen und Infrastruktur auch Dienstleistungen, Informationen sowie Wissen. Vgl. Krimmling (2005), S. 16ff.

[304] Vgl. Dollinger; Schmidt (2004), S. 13.

[305] Vgl. Köhler (2005), S. 39.

[306] Vgl. Dollinger; Schmidt (2004), S. 12f.

Vorgehensweise verlangt die Erfassung des Ist-Zustandes und die Definition des Soll-Zustandes der Prozessstruktur. Die laufende Analyse und Überprüfung der gewonnenen Ergebnisse sind letztlich Voraussetzung für eine nachhaltige Verbesserung der ITIL-Prozesse.[307]

4.2.3.3 Applications Management

Dieser Teil befasst sich mit Planung, Entwicklung, Test, Implementierung und Außerbetriebnahme der innerhalb einer IT-Organisation eingesetzten Anwendungen[308]: „The Application Management book is a guide for business users, developers and service managers, and describes how applications can be managed from a service management perspective."[309] Die Prozesse des Application Management erfassen somit den gesamten Lebenszyklus der Programme.[310] Da die Anwendungen innerhalb des Unternehmens die Abbildung der Geschäftsprozesse darstellen, werden für Abnahme, Modifikation und Test definierte Standards erforderlich.[311]

4.2.3.4 ICT Infrastructure Management

Das ICT[312] Infrastructure Management handelt innerhalb der ITIL-Bibliothek jene Aspekte ab, die sich mit der Konzeption und Überwachung der IT-Infrastruktur beschäftigen[313]: „The ICT Infrastructure Management book is concerned with the processes, organisation and tools needed to provide a stable IT and communications infrastructure."[314] Dazu gehören die Menge der Rechenzentrumsaktivitäten (Prozesse des Data Center[315]), die kontrollierte Integration neuer IT-Verfahren und IT-Infrastrukturen in ein Unternehmen sowie das Management dezentral eingesetzter IT-Verfahren.[316]

---

[307] Vgl. hierzu Köhler (2005), S. 39.

[308] Vgl. Köhler (2005), S. 40.

[309] Brand; Boonen (2004), S. 22f.

[310] Vgl. zudem Dollinger; Schmidt (2004), S. 13.

[311] Vgl. zudem Köhler (2005), S. 40.

[312] ICT steht hier für Information and Communications Technology.

[313] Vgl. Köhler (2005), S. 40.

[314] Brand; Boonen (2004), S. 22.

[315] Vgl. Dollinger; Schmidt (2004), S. 13.

[316] Vgl. Köhler (2005), S. 40.

4.2.3.5 Security Management

Aufgabe des Security Managements ist neben der Definition einer unternehmensweiten Security Policy[317] die Entwicklung eines Sicherheitsplans, der sämtliche Maßnahmen zur Gewährleistung der Datensicherheit eines Unternehmens oder öffentlichen Institution implementiert.[318] Die Datensicherheit stützt sich hierbei auf die folgenden Schutzziele, die sich sowohl auf die Daten selbst als auch auf die datenverarbeitenden Systeme bezieht[319]:

- Vertraulichkeit

- Integrität

- Authentizität

- Verfügbarkeit

- Verbindlichkeit

- Anonymität

Dabei wird seitens des Leistungsabnehmers ein angemessener, definierter Grad an Sicherheit für die IT-Services gefordert und vom Anbieter zugesichert.[320] Somit wird dieser Grad an Sicherheit Bestandteil des Service Level Agreements (vgl. hierzu Abschnitt 4.2.4.1). Zu den Sicherheitsmaßnahmen zählen im Security Management auch die Prozesse des Risiko-Managements.[321] Nur durch kontinuierliche Planung, Implementierung und Bewertung von Sicherheitsmaßnahmen[322] kann das definierte Niveau an IT-Sicherheit dauerhaft aufrechterhalten werden.[323]

---

[317] Der engl. Begriff Security Policy entspricht dem deutschen Begriff Sicherheitspolitik. Die Sicherheitspolitik einer Organisation legt die Menge von technischen und organisatorischen Regeln, Verhaltensrichtlinien, Verantwortlichkeiten und Rollen sowie Maßnahmen fest, um die definierten Schutzziele zu erreichen. Die relevanten Sicherheitseigenschaften sind dabei von der unternehmerischen Geschäftsstrategie und der Art und Weise der Nutzung der IT-Systeme in den Geschäftsbereichen abhängig. Vgl. hierzu Eckert (2003), S. 20ff.

[318] Vgl. hierzu Köhler (2005), S. 40.

[319] Die jeweilige inhaltliche Bedeutung der aufgeführten Schutzziele soll in dieser Arbeit nicht weiter vertieft werden, vgl. daher weiterführend Eckert (2003), S. 6ff.

[320] Vgl. Kresse et al. (2005), S. 77.

[321] Vgl. Dollinger; Schmidt (2004), S. 13.

[322] Die Sicherheitsmaßnahmen betreffen mitunter das Personal, die Organisation, die Infrastruktur und die Technologie. Vgl. weiterführend Kresse et al. (2005), S. 77.

[323] Vgl. Kresse et al. (2005), S. 77.

4.2.4 IT-Service Management: Service Delivery

4.2.4.1 Service Level Management

Das Service Level Management bildet die Schnittstelle zu den Kunden[324] und gewährleistet im Sinne der "One-Face-to-the-Customer"-Philosophie eine effizientes und effektives Management der Kundenbeziehungen.[325] Zentrale Aufgaben sind dabei Verhandlung, Vereinbarung und Überwachung von Service Level Agreements (SLA).[326] Sie enthalten die qualitativen und quantitativen Vereinbarungen zwischen dem Kunden und der IT-Organisation in Bezug auf die gewünschten IT-Services.[327] Hierfür werden die zu erbringenden IT-Dienstleistungen in einem iterativen Prozess gemäß den Kundenanforderungen[328] durch Service Levels definiert.[329] Der Aufbau sowie die Inhalte eines SLA werden in *Abbildung 4-3* (S. 63) dargestellt. Um die Einhaltung der kundenbezogenen SLA sicherzustellen, werden die Prozesse der Leistungserstellung durch interne Operative Level Agreements (OLA)[330] und lieferantenbezogene Underpinning Contracts (UC)[331] entsprechend ausgerichtet.[332] Anschließend müssen die vereinbarten SLA, OLA und UC konsequent und kontinuierlich überwacht werden.[333]

---

[324] Vgl. Dollinger; Schmidt (2004), S. 13.

[325] Vgl. Zarnekow et al. (2005), S. 56.

[326] Vgl. Zarnekow et al. (2005), S. 56, Köhler (2005), S. 48 sowie Dollinger; Schmidt (2004), S. 14.

[327] Vgl. Kresse et al. (2005), S. 57.

[328] Knöpp et al. (2005), S. 43 sprechen in diesem Zusammenhang von Geschäftsanforderungen, die in Kombination mit dem Financial Management aufgenommen werden. Diese werden zusammen mit den durch Anwender wahrnehmbaren Leistungen auf IT-Services und Budgets abgebildet. Vgl. hierzu Knöpp et al. (2005), S. 45.

[329] Vgl. Zarnekow et al. (2005), S. 56.

[330] Ein Operational Level Agreement (OLA) stellt eine interne Vereinbarung zwischen den IT-Fachbereichen der IT-Organisation dar, die sich auf Erstellung und Erbringung eines Teil-Services zur Erfüllung einer SLA bezieht. Vgl. weiterführend Kresse et al. (2005), S. 58.

[331] Ein Underpinning Contract (UC) ist eine nach außen gerichtete Vereinbarung mit einer dritten Partei über die Lieferung von Dienstleistungen als Teilerbringung zu einem SLA. Eine solche Vereinbarung ist mit der externen Ausführung eines OLA vergleichbar. Vgl. weiterführend Kresse et al. (2005), S. 58.

[332] Vgl. Köhler (2005), S. 48 und Zarnekow et al. (2005), S. 56.

[333] Vgl. Diercks (2004), S. 37 und Zarnekow et al. (2005), S. 56.

- Gültigkeitsdauer
- Angabe des Mandanten / Kunden
- Geschäftsfeld, Produkt(e)
- Art der Dienstleistung / des Produktes
  - o Definition und Umfang der Geschäfte
  - o Anforderungen des Kunden
  - o Beschreibung der Prozessschritte zur Produktabwicklung
- Mitwirkungspflichten des Kunden / Mandanten
- Vereinbarte Qualitätsstandards
  - o Erreichbarkeit
  - o „Deadlines" für taggleiche Abwicklung
  - o Qualitätsgrade
  - o Notfall-Regulierung (Verweis auf Notfallkonzepte)
  - o Schadensfälle
  - o Reklamations- / Eskalationsverfahren
- Aktionspläne
  - o Reports
  - o Periodische Überprüfung

Abb. 4-3: Aufbau und Inhalt von Service Level Agreements[334]

Key Performance Indicators des Service Level Managements sind[335]:

- Vollständigkeit des Servicekatalogs[336]

- Abdeckungsgrad der SLA durch UC und OLA

- Ergebnisse der Umfragen zur Kundenzufriedenheit

- Abdeckungsgrad der Services durch SLA

- Service Achievement[337]

- Anzahl der Kundeneskalationen

---

[334] In Anlehnung an Kresse et al. (2005), S. 57.

[335] Vgl. zu nachfolgender Aufzählung Kresse et al. (2005), S. 61.

[336] Der Service Katalog stellt eine detaillierte Beschreibung der von der IT-Organisation angebotenen Dienstleistungen bereit. Er ermöglicht dem Kunden die Anpassung des gewünschten IT-Services aus Standard-Service-Levels und Zusatzoptionen. Vgl. weiterführend Kresse et al. (2005), S. 57.

[337] Gemeint sind hier Leistung und Erfolg eines Services.

4.2.4.2 Capacity Management

Die Sicherung der bedarfsgerechten und kostenoptimierten Bereitstellung und Überwachung von Kapazitäten[338] oder Komponenten der Infrastruktur ist Aufgabe des Capacity Management.[339] Die Kapazitäten lassen sich dabei in geschäftsservice- und ressourcenorientierte Kapazitäten einteilen.[340]

Das geschäftsorientierte Capacity Management liefert Prognose, wirtschaftliche Planung und zeitgerechte Umsetzung der zukünftigen Geschäftsanforderungen der Kunden in Bezug auf die IT-Dienstleistungen.[341] Der zu erwartende Kapazitätsbedarf kann aus den Geschäftsplänen für neu aufgenommene oder verbesserte Leistungen sowie aus Wachstumsplänen entnommen werden.[342]

Key Performance Indicators des Capacity Management sind[343]:

- Differenz zwischen Soll-Auslastung und Ist-Auslastung

- Abweichungen zwischen langfristigen und kurzfristigen Demand Plans

- Anzahl der Anforderungen, die nicht in den Plänen erfasst sind

- Kapazitätsüberschreitungen in Bezug auf das Budget

- Differenz zwischen prognostiziertem und tatsächlich benötigtem Kapazitätsbedarf

- Kosten für Überkapazitäten und Kapazitätsanpassungen

- Verletzung von Service Levels infolge von Kapazitätsengpässen

---

[338] Dazu gehören Ressourcen wie z.B. Bandbreite eines ISP (Internet Service Provider), Festplattenkapazitäten oder Rechenleistung eines Serversystems. Vgl. zudem Köhler (2005), S. 50.

[339] Vgl. Zarnekow et al. (2005), S. 56 und Köhler (2005), S. 50.

[340] Vgl. Zarnekow et al. (2005), S. 56.

[341] Vgl. Dollinger; Schmidt (2004), S. 13 und Zarnekow et al. (2005), S. 56. Dabei ist eine Abbildung in Budgets in Kombination mit dem Financial Management möglich. Vgl. zudem Knöpp et al. (2005), S. 44.

[342] Vgl. Zarnekow et al. (2005), S. 56.

[343] Vgl. zu nachfolgender Aufzählung Kresse et al. (2005), S. 69.

4.2.4.3 Availability Management

Das Availability Management vereinigt diejenigen Management-Prozesse, die für die Verfügbarkeit der IT-Services sowie der benötigten Infrastruktur[344] seitens des IT-Dienstleisters zuständig sind.[345] Vorrangiges Ziel ist hierbei die Erreichung eines nachhaltigen Verfügbarkeitsgrades[346], dessen Verwaltung den Kundenanforderungen jederzeit gerecht[347] wird und gleichzeitig minimale Kosten produziert.[348]

Darüber hinaus hat das Availability Management auch für die Überwachung der durch externe Dienstleister erbrachten IT-Services[349] Sorge zu tragen, um die Bereitschaft des gesamten Wertschöpfungssystems zu maximieren.[350] Die Verfügbarkeitsanforderungen der internen Prozesse können dagegen direkt aus den SLA abgeleitet werden und bei Bedarf entsprechende Maßnahmen zur Verbesserung auslösen.[351]

Key Performance Indicators des Availability Management sind[352]:

- Anzahl der Komponentenausfälle, die zu einem Service-Ausfall führen

- Vollständigkeit des Availability Plans

- Kosten der Nicht-Verfügbarkeit von Systemen

- Abdeckungsgrad der Services durch das Availability Management

- Differenz zwischen prognostizierter und erreichter Verfügbarkeit

---

[344] Faktoren der IT-Qualität, wie z.B. Verfügbarkeit und Performance, sind in der Regel auf die einzelnen Komponenten der IT-Infrastruktur verteilt, sodass hieraus jeweils eigene Zusicherungen für Server, Datenbanken, Applikationen, das LAN, das WAN und die Clients resultieren. Vgl. hierzu Knöpp et al. (2005), S. 90.

[345] Vgl. Köhler (2005), S. 49 sowie Zarnekow et al. (2005), S. 56.

[346] Der Verfügbarkeitsgrad wird u.a. durch die Zuverlässigkeit und Wartbarkeit der IT-Infrastruktur und Effektivität der IT-Support Organisation determiniert. Vgl. Zarnekow et al. (2005), S. 57.

[347] Vgl. Dollinger; Schmidt (2004), S. 14 und Diercks (2004), S. 37.

[348] Vgl. Zarnekow et al. (2005), S. 57.

[349] Dies können beispielsweise gekaufte Übertragungsbandbreiten sein. Das Monitoring eingekaufter Leistungen kann unter Einsatz technischer Verfahren erfolgen, die vor nicht selbst (sondern von Dritten) verschuldeten Fehlern schützen (z.B. ISP-Loader Balancer). Vgl. hierzu Köhler (2005), S. 49.

[350] Vgl. zudem Köhler (2005), S. 49.

[351] Vgl. Zarnekow et al. (2005), S. 57. Die proaktiven Maßnahmen werden dabei durch die Entwicklung von Backup- und Recovery-Plänen ergänzt. Vgl. zudem Köhler (2005), S. 49.

[352] Vgl. zu nachfolgender Aufzählung Kresse et al. (2005), S. 76.

4.2.4.4 IT-Service Continuity Management

Das IT-Service Continuity Management hat die Aufgabe, im Falle eines Systemausfalls die Leistungen in einer zuvor mit dem Kunden vereinbarten Zeit wiederherzustellen[353] und geeignete Maßnahmen zur Überbrückung des Systemausfalls anzubieten.[354] Im Rahmen einer Business Impact Analyse können die Einflüsse eines Ausfalls auf die finanziellen Einbußen und die Unternehmensreputation untersucht werden, was wiederum die Bestimmung der Minimalanforderungen ermöglicht.[355] Des Weiteren entwickelt das IT-Service Continuity Management Pläne zur Wiederaufnahme des Geschäftsbetriebes und Kompensation des Produktionsausfalls.[356] Die Durchführung einer Risikoanalyse sowie die Ableitung und Umsetzung einer Business Continuity Strategie komplettieren den Continuity Management Prozess.[357]

Key Performance Indicators des IT-Service Continuity Management sind[358]:

- Überlebensrate des Unternehmens anhand der Testergebnisse (wirtschaftlich)

- Zeit zwischen maßgeblichen Changes an geschäftskritischen Configuration Items (CI) und der Anpassung des Notfallplans

- Anzahl der Changes, die aus einem Notfalltest abgeleitet werden

- Anteil erfolgreicher Notfalltests

- Abdeckungsgrad der Services durch das IT-Service Continuity Management

4.2.4.5 Financial Management

Das Financial Management bildet die geschäftliche Situation des IT-Dienstleisters unter finanziellen Gesichtspunkten ab und leistet einen wichtigen Beitrag zur Transparenz und Effizienz der Kostenerhebung.[359] Im Rahmen der Budgetierung werden die

---

[353] Vgl. Diercks (2004), S. 37.

[354] Vgl. Zarnekow et al. (2005), S. 57 und Köhler (2005), S. 48.

[355] Vgl. Zarnekow et al. (2005), S. 57.

[356] Vgl. Köhler (2005), S. 48-49.

[357] Vgl. Zarnekow et al. (2005), S. 57.

[358] Vgl. zu nachfolgender Aufzählung Kresse et al. (2005), S. 72.

[359] Vgl. Diercks (2004), S. 37 und Zarnekow et al. (2005), S. 57. Die Prozesse des Financial Management können mit denen des unternehmerischen Rechnungswesens gleichgestellt werden. Sie beinhalten Budgetierung, Controlling und Leistungsverrechnung. Vgl. zudem Zarnekow et al. (2005), S. 57.

verfügbaren finanziellen Mittel den jeweiligen IT-Bereichen zugeordnet.[360] Das Controlling stellt eine verursachergerechte Erhebung der Kosten der Leistungserbringung bereit und schafft somit die Voraussetzung für Kosten-Nutzen-Analysen.[361] Da die Art der Leistungsverrechnung maßgeblich durch die Organisationsform des Unternehmens bestimmt wird, ist eine Unterscheidung zwischen Cost Center, Profit Center und Service Center Organisationen sinnvoll.[362] Die Analysen des Financial Management informieren die Geschäftsführung über notwendige strategische Anschaffungen und den potenziellen Optimierungsbedarf in den einzelnen IT-Geschäftsbereichen.[363]

Key Performance Indicators des Financial Management sind[364]:

- Benötigte Zeit bis zum Abschluss der Kostenermittlung

- Gesamtkosten für die Erbringung von IT-Services

- Anzahl der Nachkalkulationen für die Kostenkalkulation bei neuen IT-Services

- Feststellen der Genauigkeit einer Kostenplanung im Rahmen eines Soll- /Ist-Abgleichs bzw. Genauigkeit des Vergleichs zwischen geschätzten und tatsächlichen Kosten

- Durchschnittliche Kosten für die Serviceerstellung

- Preisindex für eine IT-Service pro Zeiteinheit

- Vollständiges Costing und damit verbundene Kostenverrechnung bis zu einem bestimmten Datum

- Grad der Abweichung bei der Kostenverrechnung pro Service bzw. Kunde

- Gesamtdurchlaufzeit von der Definition einer Serviceanforderung bis zum Aufsetzen entsprechender Leistungsverrechnungsmodelle

---

[360] Vgl. Zarnekow et al. (2005), S. 57. Diercks (2004), S. 37 verwendet hierfür den Begriff Finanzplanung.

[361] Vgl. hierzu Köhler (2005), S. 50, Zarnekow et al. (2005), S. 57 sowie Diercks (2004), S. 37. Eine verursachergerechte Zuordnung der Kosten ist jedoch nur dann möglich, wenn der Kontenrahmen (Kostestellenrechnung) der IT-Organisation dies zulässt. Vgl. Knöpp et al. (2005), S. 85.

[362] Entsprechend erfolgt eine Verrechnung der Kosten, der Kosten zuzüglich Gewinnmarge oder des Marktpreises. Vgl. zudem Zarnekow et al. (2005), S. 57.

[363] Vgl. Köhler (2005), S. 51.

[364] Vgl. zu nachfolgender Aufzählung Kresse et al. (2005), S. 65.

- Genauigkeit der Leistungsverrechung (eigentlicher Leistungsbezug vs. gemessenem Leistungsverbrauch)

- Erfüllungsgrad des IT-Finanzplans

4.2.5 IT-Service Management: Service Support

4.2.5.1 Incident Management

Hauptaufgaben des Incident Management sind Aufnahme, erster Support und Klassifizierung von Problemen[365] und Anfragen, die sich auf die IT des Unternehmens beziehen.[366]

> "Ein "Incident" ist jedes Ereignis, das den Standardbetrieb eines Services beeinflusst und eine Unterbrechung oder Beeinträchtigung der Qualität dieses Services nach sich zieht, z.B. nicht verfügbare Anwendungen, Ausfall der Hardware oder deren eingeschränkte Nutzungsmöglichkeit, aber auch Service Requests ... ."[367]

Das Incident Management beschreibt standardisierte Prozesse für den Umgang mit Störungsmeldungen oder Hilfeanforderungen während der Applikationsanwendungen.[368] Das Service Desk bietet hierbei eine direkte Schnittstelle zum Anwender und nimmt Anfragen (Service Requests) sowie Störmeldungen (Incident Reports) entgegen.[369] Diese werden in einem gemeinsamen Prozess analysiert, klassifiziert und – falls möglich – durch einen sofortigen Support unterstützt.[370] Ziel des Incident Management ist somit die schnellstmögliche Wiederherstellung eines Services unter minimalen Auswirkungen für die Anwender.[371] Das Management umfasst dabei den gesamten Lebenszyklus eines Incidents.[372]

Key Performance Indicators des Incident Management sind[373]:

---

[365] Unter einem Problem wird innerhalb des Incident Management die unbekannte Ursache für einen oder mehrere Incidents verstanden. Vgl. hierzu Kresse et al. (2005), S. 31.

[366] Vgl. Zarnekow et al. (2005), S. 57.

[367] Kresse et al. (2005), S. 31.

[368] Vgl. Köhler (2005), S. 43.

[369] Vgl. Zarnekow et al. (2005), S. 57.

[370] Vgl. Köhler (2005), S. 43 und Zarnekow et al. (2005), S. 57. Der Support Prozess kann dahingehend unterstützt werden, dass alle aktuell bekannten Probleme und Störungen zusammen mit korrespondierenden Lösungsvorschlägen in einer Datenbank (Known-Error Database) gespeichert werden. Vgl. Zarnekow et al. (2005), S. 57-58.

[371] Vgl. Kresse et al. (2005), S. 31.

[372] Vgl. Kresse et al. (2005), S. 31.

[373] Vgl. zu nachfolgender Aufzählung Kresse et al. (2005), S. 34.

- Gesamtanzahl der Störungen

- Durchschnittliche Zeit zur Störungsbehebung

- Varianz der durchschnittlichen Störungsbehebungszeit

- Verteilung der Störungen nach Dringlichkeit

- Kosten pro Störung

- Lösungsquote durch Remote-Eingriff

- Lösungsrate im Second-Level Support

- Anzahl der als falsch zurückgewiesenen Lösungsvorschläge

- Anzahl wiederverwendbarer Lösungen

4.2.5.2 Problem Management

Das Problem Management ist zuständig für die Lösung und Behebung von Störungen, die mit dem Einsatz der Informationstechnik entstehen.[374] Es beschreibt die Verfahren, die zur Identifikation und Lokalisierung von Störungen führen und wird daher häufig innerhalb des Second-Level Supports abgehandelt.[375] Gegenstand des Problem Management ist die Analyse sowohl aktuell vorliegender Fehler[376] und in der Vergangenheit aufgetretener Störungen und Störungsmuster.[377] Das Problem Management ist somit eng verbunden mit den Prozessen des Incident Management. Es erfordert eine stringente Kontrolle und Überwachung der Problemlösungsprozesses sowie eine lückenlose Berichterstattung an die entsprechenden IT-Geschäftsbereiche.[378]

Key Performance Indicators des Problem Management sind[379]:

---

[374] Vgl. Diercks (2004), S. 37 und Zarnekow et al. (2005), S. 58.

[375] Vgl. Köhler (2005), S. 44.

[376] Dieser Teil der Analyse wird als Reactive Problem Management bezeichnet. Vgl. Köhler (2005), S. 45. Methoden des Reactive Problem Management sind beispielsweise die Kepner- und Tregoe-Analyse, das Ishikawa-Diagramm oder Flow-Charts. Vgl. Zarnekow et al. (2005), S. 58.

[377] Hierbei handelt es sich um einen Proactive Problem Management Prozess. Vgl. Köhler (2005), S. 45. Als geeignete Maßnahme kann hier die Trendanalyse zur Identifikation potentieller Probleme genannt werden. Vgl. Zarnekow et al. (2005), S. 58. Eine Trendanalyse kann aus der ständigen Überwachung (zyklische Prüfung) der IT-Services gewonnen werden. Vgl. zudem Knöpp et al. (2005), S. 59.

[378] Vgl. Zarnekow et al. (2005), S. 58. Adressat der Berichterstattung ist u.a. das Change Management. Vgl. Knöpp et al. (2005), S. 61.

[379] Vgl. zu nachfolgender Aufzählung Kresse et al. (2005), S. 38.

- Gesamtzahl der Probleme im Betrachtungszeitraum

- Anzahl erneut auftretender Probleme nach einem durchgeführten Change

- Verhältnis der Gesamtzahl der Probleme zur Anzahl bekannter Probleme

- Erneute Bearbeitung bei der Ursachenanalyse oder Nachanalyse

- Problemhäufigkeit pro Klassifizierung

- Benötigte Zeit zur Ursachenanalyse

- Kosten pro Problembearbeitung

4.2.5.3 Change Management

Da sich die Geschäftsanforderungen in einem IT-Unternehmen permanent ändern, müssen fortlaufend neue Technologien implementiert werden. Dies erfordert eine IT-Umgebung, in der Management und Kontrolle der notwendigen Anpassungen und Veränderungen genau geregelt sind.[380] Dem Change Management kommt im Rahmen des ITIL-Framework daher eine zentrale Rolle zu. Es trifft die Entscheidungen über interne Veränderungen (Changes) an bestehenden Applikationen oder IT-Komponenten mittels ITIL-konformer[381] Prozesse.[382]

> "Ein Change bezeichnet den Übergang von einem Zustand in einen anderen Zustand innerhalb der IT-Infrastruktur und definiert konkret die Änderung an einem oder mehreren IT-Services."[383]

Die Erfahrungen aus der Praxis zeigen, dass sich ein wesentlicher Prozentsatz der auftretenden Störungen bezüglich der IT-Qualität bis zu einem Change zurückverfolgen lassen.[384] Das Change Management beschreibt hierbei die organisatorische Umsetzung[385] der geplanten Veränderung und definiert die damit verbundenen Tätigkeiten und Aufgabenbereiche.[386] Liegt einer Veränderung ein Request for Change

---

[380] Vgl. Kresse et al. (2005), S. 39.

[381] Bislang existiert jedoch noch kein national oder international anerkanntes, von einer unabhängigen Organisation vergebenes Zertifikat der ITIL-Konformität. Vgl. hierzu Dollinger; Schmidt (2004), S. 15.

[382] Vgl. hierzu Köhler (2005), S. 45 und Zarnekow et al. (2005), S. 60.

[383] Kresse et al. (2005), S. 31.

[384] Vgl. Kresse et al. (2005), S. 39.

[385] Dazu gehören die Information aller Beteiligten über die Veränderung, die Zuordnung von Zuständigkeiten und die Zuweisung von Prioritäten. Vgl. Köhler (2005), S. 45. Diercks (2004), S. 37 ergänzt hierzu noch den Aspekt der Dokumentation sämtlicher Änderungsanforderungen.

[386] Vgl. Zarnekow et al. (2005), S. 60.

(RFC)[387] zugrunde, hat das Change Management dafür Sorge zu tragen, dass die Änderungsprozesse termingerecht abgeschlossen werden.[388] Ein RFC wird im Zuge der Klassifikation[389] gemäß seiner Bedeutung, Kosten und Dringlichkeit mit einer Priorität versehen, welche über die folgenden Prozessschritte entscheidet.[390] Das Change Management bedient sich bei seinen Tätigkeiten der Informationen aus der CMDB (Configuration Management Database).[391] Ziel ist im Wesentlichen eine effiziente und kostenoptimale Implementierung autorisierter Changes unter Minimierung der Risiken für bereits bestehende oder neue IT-Services.[392]

Key Performance Indicators des Change Management sind[393]:

- Anzahl erfolgreicher Changes

- Anzahl der Notfall-Changes

- Anzahl termingerechter Changes

- Anzahl der Incidents nach einem Change

- Anzahl unautorisierter Changes

- Anzahl der Backouts

- Gesamtzahl der Changes je Kategorie

---

[387] Ein Request for Change (RFC) wird zunächst innerhalb des Change Management bewertet und erst nach einer Prüfung auf Vollständigkeit als Change erfasst. Vgl. Knöpp et al. (2005), S. 66.

[388] Köhler (2005), S. 45 stellt ergänzend fest, dass es sich bei zugrunde liegenden RFC um risikobereinigte Änderungen handelt. Die Einreichung von RFC erfolgt insbesondere bei prozess- oder technologiebezogenen Veränderungen. Sie durchlaufen einen standardisierten Prozess ausgehend von Registrierung und Klassifikation, über die Genehmigung hin zu Umsetzung und Evaluierung. Vgl. hierzu Zarnekow et al. (2005), S. 60.

[389] Die Klassifikation eines RFC berücksichtigt in erster Linie die zu erwartenden Auswirkungen des Changes auf die Infrastruktur und auf bestehende IT-Services. Dabei werden die Klassen „Minor Changes", „Significant Changes" und „Major Changes" unterschieden. Vgl. weiterführend Knöpp et al. (2005), S. 66f.

[390] Für Changes mit hoher Relevanz erfolgt die Einberufung eines Change Advisory Board (CAB), bestehend aus Vertretern des Change Management, Kunden, Anwendern, Entwicklern, technischen Beratern, Service Personal und Lieferanten. Die Autorisierung des RFC erfolgt im Normalfall durch das CAB, in besonderen Fällen auch durch die Geschäftsleitung selbst. Vgl. Zarnekow et al. (2005), S. 60.

[391] Vgl. Köhler (2005), S. 45.

[392] Vgl. hierzu Kresse et al. (2005), S. 39.

[393] Vgl. zu nachfolgender Aufzählung Kresse et al. (2005), S. 44.

4.2.5.4 Release Management

Das Release Management stellt das erfolgreiche Rollout von Software- und Hardware-Einführungen (Releases[394]) sicher[395] und übernimmt Planung, Erstellung, Test sowie Implementierung von Requests for Change (RFC).[396] Der Release Management Prozess beginnt mit der Entwicklung einer Release Policy[397], die wesentliche Rollen und Verantwortlichkeiten festlegt.[398] Die Planung und Gestaltung der wesentlichen Release-Komponenten erfolgt durch entsprechende Planungs-, Design- und Build-Prozesse.[399] Während des gesamten Release-Prozesses müssen die aktuellen Release-Versionen mit der Definitive Software Library (DSL)[400] und der Konfigurations-Datenbank (CMDB) abgeglichen werden,[401] damit bei Störzuständen bereits implementierte Versionen wieder genutzt werden können.[402] Ein abschließender Test[403] leitet die Umsetzung des Rollout ein. Für einen systematisch dokumentierten Release-Prozess ist darüber hinaus eine effektive Schnittstelle zum Change Management und Configuration Management unerlässlich.

Key Performance Indicators des Release Management sind[404]:

- Anzahl der Software-CI in der DSL im Vergleich zur Produktivumgebung

- Anzahl termingerechter und fehlerfreier Rollouts

- Anzahl der Incidents aufgrund von Rollouts

---

[394] Ein Release stellt in diesem Zusammenhang eine Kombination getesteter und freigegebener neuer und/oder geänderter Komponenten (Services, Software oder Hardware) dar, die zusammen implementiert werden. Vgl. zudem Knöpp et al. (2005), S. 69.

[395] Vgl. Diercks (2004), S. 37 und Zarnekow et al. (2005), S. 60.

[396] Vgl. Köhler (2005), S. 46.

[397] Die Release Policy stellt ein umfassendes Rahmenwerk dar und dient u.a. als Basis von Installationsprozessen. Sie enthält Vorgaben zur eindeutigen Benennung des Releases und des aktuellen Entwicklungsstatus sowie zum Workflow. Vgl. Knöpp et al. (2005), S. 68.

[398] Vgl. Zarnekow et al. (2005), S. 60.

[399] Vgl. Zarnekow et al. (2005), S. 60.

[400] Die Definitive Software Library (DSL) enthält sämtliche Versionen aller Software-Komponenten. Vgl. Zarnekow et al. (2005), S. 61.

[401] Vgl. Köhler (2005), S. 46 und Zarnekow et al. (2005), S. 61.

[402] Vgl. Köhler (2005), S. 46.

[403] Der Test der Release-Komponenten erfolgt in einer speziellen Testumgebung und evaluiert u.a. die Kompatibilität mit der bestehenden IT-Umgebung. Vgl. Knöpp et al. (2005), S. 69.

[404] Vgl. zu nachfolgender Aufzählung Kresse et al. (2005), S. 54.

- Anzahl der während des Tests gefundenen Fehler

- Anzahl der beim Rollout gefundenen Fehler

4.2.5.5 Configuration Management

Aufgabe des Configuration Management[405] ist die Ermittlung, Beschreibung und Kontrolle aller Komponenten der IT-Infrastruktur und der IT-Services.[406] Somit entsteht ein logisches Modell der gesamten Infrastruktur und aller vorhandenen Services, welches die Basis für alle übrigen in ITIL definierten Support-Prozesse stellt.[407] Das Configuration Management arbeitet dabei auf Grundlage der Configuration Management Database (CMDB), welche alle Informationen in Form von Configuration Items (CI) enthält.[408] Entsprechend der Aufgabenstellungen lassen sich durch Analyse der CMDB geeignete Entscheidungsvorlagen generieren.[409]

Key Performance Indicators des Configuration Management sind[410]:

- Durchschnittliche Aktualität der Daten pro Configuration Item

- Anzahl der Störungen aus nicht genehmigten Konfigurationen

- Anzahl nicht erfasster Configuration Items (Soll/Ist)

- Anzahl negativer Rückmeldungen aus anderen Prozessen

- Verfügbarkeit der Datenbestände in Zeiteinheiten

- Zufriedenheitsquote interner Kunden/Anwender

- Durchlaufzeit zur Aufnahme eines neuen CI in die CMDB

---

[405] Gelegentlich wird für das Configuration Management auch die Bezeichnung Asset Management gebraucht.

[406] Vgl. Zarnekow et al. (2005), S. 61 und Köhler (2005), S. 45.

[407] Vgl. Zarnekow et al. (2005), S. 49 und 61.

[408] Vgl. Zarnekow et al. (2005), S. 49. Configuration Items (CI) sind beispielsweise Hardware-Komponenten, Systemsoftware, Anwendungssysteme, Standardsoftware, Datenbanken, Plattformen, Software-Releases, Change Dokumentation, Netzwerkkomponenten und Service Management Komponenten wie Kapazitätspläne, Incidents oder RFC. Zur physikalischen Verfahrung der Software CI schlägt ITIL die Speicherung in der Definitive Software Library (DSL) vor. Vgl. zudem Zarnekow et al. (2005), S. 50. Die nähere Definition, was ein CI sein kann, ist jedoch eine individuelle Entscheidung. Vgl. hierzu Dollinger; Schmidt (2004), S. 14.

[409] Vgl. Köhler (2005), S. 45.

[410] Vgl. zu nachfolgender Aufzählung Kresse et al. (2005), S. 50.

4.2.6 IT-Governance mit ITIL

4.2.6.1 Beitrag von ITIL zur IT-Governance

Das ITIL-Framework liefert IT-Dienstleistern eine Reihe von Best-Practice Methoden und Hinweisen zur Implementierung standardisierter, serviceorientierter Managementprozesse.[411] ITIL genießt dabei den Status eines globalen de-facto Standards für das IT-Service Management und fokussiert insbesondere den Aspekt der IT-Service Qualität.[412] Die Kernmodule Service Delivery und Service Support bieten umfangreiche Möglichkeiten, die Qualität der IT-Services zu steigern und auf hohem Niveau zu kontrollieren. Aus diesen Möglichkeiten ergeben sich wiederum Vorteile, die bei der Umsetzung von IT-Governance in vielversprechender Weise genutzt werden können.

Das Service Level Management macht Leistungserfolge durch Service Level Agreements messbar und bietet somit eine geeignete Grundlage zur Bewertung der erbrachten IT-Dienstleistungen.[413] Die somit erreichbare Informationsgüte trägt zur Senkung der Beschaffungskosten bei und ermöglicht genauere Spezifikationen von IT-Ressourcen.[414]

Das Capacity Management liefert wertvolle Informationen über aktuelle und zukünftig zu erwartende Kapazitäts- und Ressourcenbedarfe und minimiert somit die Wahrscheinlichkeit von Performanz-Problemen und Systemausfällen.[415] Auf diese Informationen kann im Rahmen der Evaluierung der internen Kontrollmechanismen zurückgegriffen werden, welche die SECTION 404 des Sarbanes-Oxley Act verlangt.

Die nachhaltige Verfügbarkeit finanzrelevanter Informationen und ihre Weiterleitung an die Geschäftsleitung kann im Rahmen des Availability Management erzielt werden. Häufigkeit und Dauer der Nicht-Verfügbarkeit lassen sich durch Überwachung und Verbesserung der entsprechenden IT-Services minimieren.[416] Die Verfügbarkeit von

---

[411] Vgl. Zarnekow et al. (2005), S. 61.

[412] Vgl. Brand; Boonen (2004), S. 21. Beispielsweise liefert ITIL die Basis für das Microsoft Operations Framework (MOF) und für das IT Service Management Reference Model von Hewlett Packard (HP). Vgl. hierzu Brand; Boonen (2004), S. 21.

[413] Vgl. Kresse et al. (2005), S. 61.

[414] Vgl. hierzu Kresse et al. (2005), S. 61.

[415] Vgl. Kresse et al. (2005), S. 68f.

[416] Vgl. weiterführend Kresse et al. (2005), S. 74.

72

Informationen ist ein essentieller Aspekt in Zusammenhang mit der SECTION 302 des Sarbanes-Oxley Act. Auf die kontinuierliche Verfügbarkeit von IT-Services ist dagegen das IT Service Continuity Management gerichtet. Ein besonderer Vorteil kann hierbei in der Einhaltung gesetzlicher Vorschriften gesehen werden, die mitunter durch die Risikominimierung im Rahmen einer angemessenen Notfallplanung realisiert werden kann.[417]

Hinsichtlich der SECTION 302 und insbesondere der SECTION 404 des Sarbanes-Oxley Act kann das Modul Financial Management einen grundlegenden Beitrag zur Transparenz der innerbetrieblichen Rechnungslegung leisten. Diese Möglichkeit eröffnet sich durch die Forderung nach maximaler Kostentransparenz für den Kunden.[418] Wesentliche Vorteile hierbei können in der Entwicklung einer soliden Investitionsstrategie, der Definition von Leistungszielen und der Messung der erbrachten Leistungen gesehen werden.[419] Das Financial Management schafft somit die notwendigen Voraussetzungen zur Durchführung einer Kostenträgerrechnung, die sowohl die Erstellung von Reports zur Planung und Kontrolle der Kosten, als auch die Übergabe von Informationen an die Finanzbuchhaltung erlaubt.[420]

Das Incident Management kann Aufschluss über den funktionalen Zustand der Geschäftsapplikationen und die Problembereiche der IT-Services geben.[421] Innerbetriebliche Kontrollsysteme für das Finanzwesen können somit effektiv und effizient gewartet werden. Das Problem Management minimiert zusätzlich die Auswirkungen von Service-Unterbrechungen.[422]

Das Change Management sorgt für minimale Beeinträchtigungen der IT-Systeme und Geschäftsprozessabläufe durch Changes.[423] Es gewährleistet, dass Changes

---

[417] Vgl. hierzu Kresse et al. (2005), S. 72.

[418] Vgl. Kresse et al. (2005), S. 61.

[419] Vgl. hierzu Kresse et al. (2005), S. 62.

[420] Vgl. Kresse et al. (2005), S. 62.

[421] Vgl. Kresse et al. (2005), S. 34.

[422] Vgl. Kresse et al. (2005), S. 38.

[423] Vgl. Kresse et al. (2005), S. 44.

termingerecht und risikobereinigt durchgeführt werden können.[424] Ein wesentlicher Aspekt ist hierbei die Festlegung von Prioritäten für die geplanten Changes.[425]

Das Release Management garantiert die Qualität der produktiven Anwendungen und sorgt für die Bereitstellung konsistenter Software.[426] Es minimiert darüber hinaus die Wahrscheinlichkeit, dass böswillige Software-Manipulationen unbemerkt bleiben.[427]

Die Prozesse des IT-Service Management erhalten vom Configuration Management wichtige Informationen über den Aufbau der IT-Infrastruktur und unterstützen den Budgetierungs-Prozess.[428] Die Erfüllung gesetzlicher Verpflichtungen kann durch eine optimale Konfiguration der IT-Infrastruktur vereinfacht werden.[429]

4.2.6.2 Grenzen von ITIL in Bezug auf die IT-Governance

Das ITIL-Rahmenwerk stellt eine Sammlung von Best-Practice Methoden zur Verfügung, ist jedoch kein echtes Prozessmodell im Sinne der klassischen Modellbildung.[430] Damit lässt ITIL auch eine konsistente Beschreibung der Prozesse vermissen[431], was insbesondere bei der Darstellung von Input- und Outputbeziehungen negativ zu Buche schlägt.[432] Für die Beziehungen zwischen den Prozessobjekten finden sich weder Hierarchisierungen noch geeignete Filterungen.[433] Dies erschwert die eindeutige Ableitung von Workflows aus den Prozessbeziehungen[434] und lässt somit einen wesentlichen Aspekt bei der Umsetzung einer wirksamen IT-Governance offen. Struktur und Detaillierungsgrad weisen innerhalb der einzelnen ITIL-Modellbereiche

---

[424] Vgl. Köhler (2005), S. 45.

[425] Vgl. Köhler (2005), S. 96.

[426] Vgl. Kresse et al. (2005), S. 54.

[427] Vgl. Kresse et al. (2005), S. 54.

[428] Vgl. hierzu Kresse et al. (2005), S. 50 sowie Köhler (2005), S. 55ff.

[429] Vgl. Kresse et al. (2005), S. 50.

[430] Vgl. hierzu Zarnekow et al. (2005), S. 61.

[431] Brenner et al. (2003), S. 49 sprechen in Verbindung mit dem Mangel an Konsistenz sogar von formalen Schwächen des ITIL-Frameworks.

[432] Vgl. Brenner et al. (2003), S. 49. Brenner et al. (2003), S. 49 sehen gerade in den Prozessbeziehungen den eigentlichen Gegenstand der Verbesserungsbemühungen, da Optimierungspotenziale innerhalb der Prozesse weitestgehend ausgeschöpft sind.

[433] Vgl. Hochstein et al. (2004), S. 386.

[434] Vgl. Zarnekow et al. (2005), S. 61.

erhebliche Unterschiede auf.[435] IT-Governance verlangt jedoch konsequente und einheitliche Definition von Betrachtungstiefen für alle betrachteten IT-Bereiche. Darüber hinaus fallen Inkonsistenzen bei der Angabe von Erfolgsfaktoren und Kennzahlen auf[436], was die Bewertung der Güte und Wirksamkeit der IT-Governance Strukturen stark beeinträchtigt. Auch ein einheitliches Level der Granularität für die Beschreibung der betrachteten Bereiche und Prozesse fehlt bei ITIL, was die direkte Anwendung und Übertragung der Referenzprozesse problematisch macht.[437]

Wie bereits beschrieben, bilden die Module Service Support und Service Delivery den inhaltlichen Kern des ITIL-Framework. Leider sind diese auch die einzigen Bereiche, denen derzeit eine praktische Relevanz zukommt.[438] Die Module geben konkret Aufschluss darüber, was bei der Umsetzung der Support- und Service-Prozesse im einzelnen zu beachten ist. Sie unterscheiden sich darin stark von anderen Modellbausteinen, die lediglich einen geringen Mehrwert gegenüber anderen Konzepten und Modellen versprechen.[439] Dieser Umstand begründet sich in der Tatsache, dass die Module Application Management, Infrastructure Management und Business Perspective bereits bekanntes Wissen lediglich in neuer Form präsentieren und folglich bei der praktischen Umsetzung kaum noch berücksichtigt werden.[440]

Eine effektive und effiziente IT-Governance verlangt grundsätzlich, dass die Art und Weise der Umsetzung von Prozessen jederzeit klar und widerspruchsfrei definiert wird. Diesem Anspruch kann ITIL nicht in gewünschter Weise genügen, da zwar eine Beschreibung dessen erfolgt, „was" getan werden muss, jedoch nicht beschrieben wird, „wie" dies zu erfolgen hat.[441] Somit handelt es sich bei ITIL um keine eins zu eins in die Praxis umsetzbare Sammlung von Anweisungen.[442] Diese signifikante Schwäche führt oft zu Interpretationsbedarf und Missverständnissen.[443]

---

[435] Vgl. Zarnekow et al. (2005), S. 61.

[436] Vgl. Zarnekow et al. (2005), S. 61 sowie Brenner et al. (2003), S. 49.

[437] Vgl. Zarnekow et al. (2005), S. 61 sowie Brenner et al. (2003), S. 49.

[438] Vgl. Hochstein et al. (2004), S. 383 sowie Zarnekow et al. (2005), S. 61.

[439] Vgl. Zarnekow et al. (2005), S. 61.

[440] Vgl. Zarnekow et al. (2005), S. 61.

[441] Vgl. Zarnekow et al. (2005), S. 61. So gibt es für die Implementierungen beispielsweise keine feststehenden Definitionen von Umfang und Reihenfolge. Vgl. hierzu Dollinger; Schmidt (2004), S. 13.

[442] Die Nutzung von ITIL wird durch ITIL-konforme Tools zwar unterstützt, aber nicht etabliert. Vgl. Dollinger; Schmidt (2004), S. 13. Auf die Beschreibung konkreter Tools zur Unterstützung wird in ITIL

Sicherlich lassen sich die durch ITIL beschriebenen Best-Practice Verfahren dank ihrer generischen Beschreibung an unterschiedliche Applikationsbereiche anpassen.[444] Dies macht im Übrigen eine der Stärken des ITIL-Framework aus. Allerdings sind diese Anpassungen vom jeweiligen Unternehmen selbst durchzuführen, da ITIL keine branchenspezifische Anleitung zur Umsetzung der Methoden zur Verfügung stellt.[445] Insbesondere fehlt es an einer differenzierten Berücksichtigung kleiner, mittlerer und großer Unternehmen.[446] Es ist jedoch offenkundig, dass eine Berücksichtigung der Unternehmensgröße ein wesentlicher Aspekt innerhalb der IT-Governance sein muss.

Vor dem Hintergrund der Umsetzung von IT-Governance stößt das ITIL-Framework somit klar an feste Grenzen. Die Reichweite der Musterprozesse in ITIL ist eher überschaubar und erfüllt die Anforderungen der IT-Governance nur teilweise.[447] Eine Konformität mit SECTION 302 und SECTION 404 des Sarbanes-Oxley Act ist aufgrund der genannten Schwachpunkte mit ITIL allein nicht möglich. Das ITIL-Framework kann nicht als ausgereifter IT-Governance Standard angesehen werden. Daher setzen Unternehmen in der Praxis häufig auf eine Kombination aus ITIL und COBIT.[448] Die Gartner Group empfiehlt hierzu: „Enterprises that want to put their ITIL program into the context of a wider control and governance framework should use CobiT."[449]

---

zugunsten der Definition abstrakter Klassen von Funktionalitäten sogar ganz verzichtet. Die Tools müssen somit erst aus diesen Klassen abgeleitet werden. Vgl. Dollinger; Schmidt (2004), S. 14.

[443] Vgl. Brenner et al. (2003), S. 50. Der Mangel an Eindeutigkeit verhindert darüber hinaus auch eine Übersetzung der ITIL-Prozesse in formale bzw. künstliche Sprachen, wodurch Informationsverluste und interpretatorische Unsicherheiten in Kauf genommen werden müssen. Vgl. hierzu Hochstein et al. (2004), S. 386.

[444] Vgl. Brenner et al. (2003), S. 49 sowie Zarnekow et al. (2005), S. 62.

[445] Vgl. hierzu Zarnekow et al. (2005), S. 62. ITIL ist zwar als Checkliste für eigene Prozesse nutzbar, überlässt jedoch Analyse, Entscheidung und Anwendung der gegebenen Empfehlungen dem individuellen Ermessen einer IT-Abteilung. Vgl. Dollinger; Schmidt (2004), S. 13.

[446] Vgl. Zarnekow et al. (2005), S. 62. Dagegen sehen es Hochstein et al. (2004), S. 383 a priori als Vorteil, dass Branchenstandards und Unternehmensgrößen nicht durch den Gültigkeitsbereich von ITIL ausgeschlossen werden.

[447] Vgl. Mingay; Bittinger (2002), S. 2.

[448] Vgl. Zarnekow et al. (2005), S. 63.

[449] Mingay; Bittinger (2002), S. 3.

4.3 COBIT (Control Objectives for Information and Related Technology)

4.3.1 Grundlagen und Überblick

COBIT (Control Objectives for Information and Related Technology) wird seit dem Jahr 1993 von der Information Systems Audit and Control Association (ISACA)[450] und dem IT Governance Institute (ITGI) entwickelt[451] und wurde 1996 erstmals der Öffentlichkeit zugänglich gemacht.[452] Mittlerweile liegt es als Update der COBIT 3rd Edition[453] in der Version COBIT 4.0 vor.[454] Analog zu IT Infrastructure Library (ITIL) entstand COBIT vor dem Hintergrund der stetig wachsenden Abhängigkeit der unternehmerischen Geschäftsprozesse von der Informationstechnik. Eine wesentliche Rolle spielt hierbei der Bedarf nach verstärkter Abstimmung der Geschäftsprozesse auf rechtliche Erfordernisse (Compliance), welche die Gesetzgebung aus jüngster Zeit vorgibt.[455] Besonders hervorzuheben sind die Entwicklungen im Bereich der Corporate Governance im Zusammenhang mit dem Sarbanes-Oxley Act.[456] COBIT stellt hierfür eine Reihe nationaler und internationaler Standards[457] für Qualität, Sicherheit, Qualifizierung und Ordnungsmäßigkeit zur Verfügung[458] und definiert spezielle Kontrollziele (Control Objectives) für die Informationstechnik.[459] Diese Kontrollziele überwachen in Anlehnung an den Best-Pracice-Ansatz die Erfüllung der Geschäftsziele

---

[450] Die 1967 entstandene Information Systems Audit and Control Association (ISACA) genießt heute als internationale Organisation mit Mitgliedern in über 140 Ländern den Status des Global Leaders auf dem Gebiet der IT-Governance. An die ISACA angeschlossen ist das IT Governance Institute. Vgl. IT Governance Institute (2003), S. 3. Internet: http://www.isca.org.

[451] Vgl. Zarnekow et al. (2005), S. 62.

[452] Vgl. Köhler (2005), S. 324 und Bernhard et al. (2003), S. 268.

[453] COBIT 3rd Edition wurde im Jahr 2000 veröffentlicht und ist der Nachfolger der COBIT 2nd Edition aus dem Jahr 1998. Vgl. hierzu IT Governance Institute (2005), S. 2.

[454] Vgl. IT Governance Institute (2005), S. 2.

[455] Vgl. hierzu IT Governance Institute (2005), S. 1 und Köhler (2005), S. 324 oder Deloitte & Touche (2005a), S. 1.

[456] Vgl. Zarnekow et al. (2005), S. 62 oder Deloitte & Touche (2005a), S. 1.

[457] Basierend auf Standards wie ISO 9000 nimmt COBIT management-orientierte Erweiterungen vor. Vgl. hierzu Bernhard et al. (2003), S. 270.

[458] Vgl. dazu Zarnekow et al. (2005), S. 62. Köhler (2005), S. 324 verzichtet dagegen auf die explizite Nennung des Aspekts Qualifizierung.

[459] Vgl. Köhler (2005), S. 324 sowie IT Governance Institute (2005), S. 2.

eines Unternehmens.[460] Bei der Entwicklung von COBIT galt es darüber hinaus, dem Anspruch eines IT-spezifischen Kontrollsystems gerecht zu werden, das sowohl bereits bestehende als auch zukünftige Geschäftsprozesse bestmöglich unterstützt.[461] Die Anforderungen an Informationen aus den definierten Geschäftszielen und den damit einhergehenden IT-Ressourcen und -Prozessen waren daher ausschlaggebend für die Modellierung.[462] Für die Weiterentwicklung des COBIT-Standards und seine Konformität mit dem ITIL-Framework ist heute die ISACA zuständig.[463]

4.3.2 Struktur des COBIT-Referenzmodells

COBIT bietet eine hohe Konsistenz im Hinblick auf die Gestaltung einzelner Prozesse. Zieldefinition, Erfolgsfaktoren, Effizienz- und Effektivitätskriterien werden durchgängig für alle Prozesse im Rahmen einer End-to-End-Betrachtung definiert[464]:

> "The framework describes high-level control objectives for each process within the COBIT domains. By addressing these objectives, the business process owner can ensure that the IT environment is adequately controlled."[465]

---

[460] Vgl. hierzu Zarnekow et al. (2005), S. 62 sowie Köhler (2005), S. 324.

[461] Vgl. hierzu Kresse et al. (2005), S. 14.

[462] Vgl. Kresse et al. (2005), S. 14.

[463] Der Einsatz von COBIT findet in der Praxis häufig in Kombination mit ITIL statt. Vgl. hierzu Zarnekow et al. (2005), S. 63 oder Brenner et al. (2003), S. 51. Internet: http://www.isaca.org/cobit.

[464] Vgl. Zarnekow et al. (2005), S. 63.

[465] Brand; Boonen (2004), S. 57.

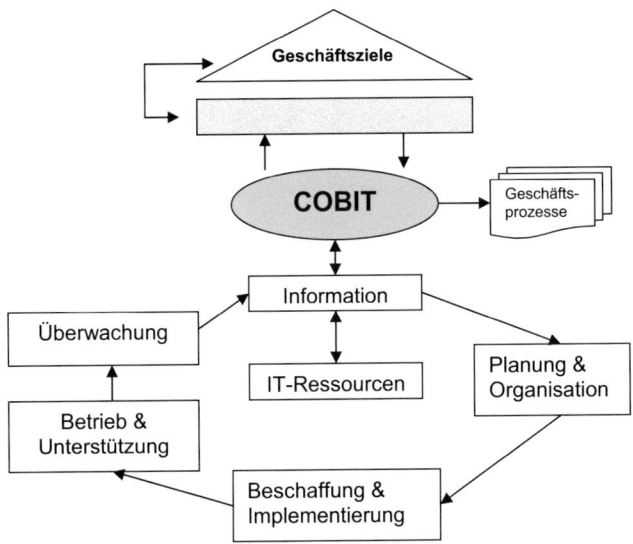

Abb. 4-4: COBIT Referenzmodell[466]

Der COBIT-Standard berücksichtigt insbesondere die sieben Informationskriterien[467]

- Konformität

- Vertraulichkeit

- Integrität

- Verfügbarkeit

- Zuverlässigkeit

- Effektivität

- Einhaltung rechtlicher Erfordernisse (Compliance)

sowie die folgenden fünf Ressourcen, auf denen die Geschäftsprozesse basieren[468]:

- Menschen (Human Resources)

---

[466] In Anlehnung an Köhler (2005), S. 324 und Zarnekow et al. (2005), S. 63. Eine detaillierte Darstellung der Subprozesse innerhalb des Referenzmodells findet sich in Bloem et al. (2006), S. 238.

[467] Vgl. Kresse et al. (2005), S. 14 und Bloem et al. (2006), S. 238.

[468] Vgl. zu nachfolgender Aufzählung Kresse et al. (2005), S. 14 und Bloem et al. (2006), S. 238.

- Gebäude (Facilities)

- Technologien

- Anwendungssysteme

- Daten

Auf dieser Basis werden 318 Kontrollziele definiert, denen 34 Prozesse in unterschiedlicher Ausprägung zugeordnet sind.[469] Die Prozesse werden zu den vier Domänen Planung & Organisation, Beschaffung & Einführung, Betrieb & Unterstützung sowie Überwachung zusammengefasst.[470]

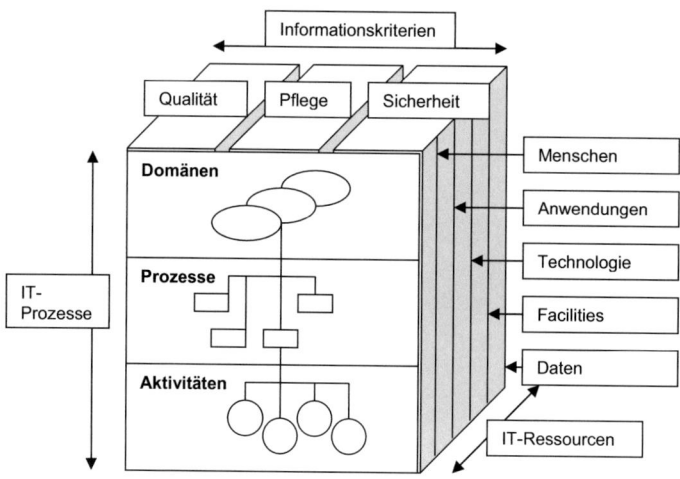

Abb. 4-5: COBIT-Würfel[471]

Innerhalb der Hauptdomäne „Planung & Organisation" bildet COBIT Subprozesse ab, die der Forderung nach effektivem und effizientem Management von Risiken und

---

[469] Vgl. hierzu Kresse et al. (2005), S. 15. Die Angaben beziehen sich vermutlich auf die COBIT 3rd Edition; Brenner et al. (2003), S. 111 nennen ebenfalls 318 Kontrollziele und 34 Prozesse. Sie besitzen jedoch auch in neuen Version COBIT 4.0 Gültigkeit, wobei es sich bei den genannten 34 Prozessen nicht mehr um dieselben Prozesse handelt. Eine Zusammenfassung der Änderungen findet sich in Information Systems Audit and Control Association (2006).

[470] Vgl. Kresse et al. (2005), S. 15 und Bloem et al. (2006), S. 238. Die nachfolgenden Erläuterungen der 34 Prozesse beziehen sich auf die COBIT 3rd Edition.

[471] In Anlehnung an Kresse et al. (2005), S. 15 und Brand; Boonen (2004), S. 38.

Qualität sowie der strategischen Ausrichtung der IT-Infrastruktur im Sinne der IT-Governance Rechnung tragen[472]:

- **PO1**: Define a strategic IT Plan (Definition eines strategischen Informationstechnologie-Plans)[473]

- **PO2**: Define the information architecture (Definition der Informationsarchitektur)[474]

- **PO3**: Determine the technological direction (Bestimmung der technolologischen Ausrichtung)[475]

- **PO4**: Define the IT organization and relationships (Definition der IT-Organisation und ihrer Beziehungen)[476]

- **PO5**: Management the IT investment (Verwaltung der IT-Investitionen)[477]

- **PO6**: Communicate management aims and direction (Kommunikation von Führungszielen und -richtung)[478]

- **PO7**: Manage human resources (Personalwesen)[479]

- **PO8**: Ensure compliance with external requirements (Sicherstellung der Einhaltung von externen Anforderungen)[480]

---

[472] Vgl. hierzu Bloem et al. (2006), S. 238. „PO" steht hierbei nachfolgend für „Planning & Organzation".

[473] Ziel der IT-Strategie ist das optimale Gleichgewicht zwischen der Ausschöpfung der Möglichkeiten der Informationstechnik und der Erfüllung der Anforderungen des IT-Business. Vgl. weiterführend Brand; Boonen (2004), S. 74f.

[474] Die Definition der IT-Architektur zielt auf die Optimierung von Entwicklung und Pflege der Informationssysteme zur Erfüllung der Geschäftsanforderungen. Vgl. weiterführend Brand; Boonen (2004), S. 76f.

[475] Die Bestimmung der technologischen Ausrichtung nutzt die Vorteile aktueller und zukünftig einsetzbarer Technologien zur Umsetzung der übergeordneten Geschäftsstrategie. Vgl. weiterführend Brand; Boonen (2004), S. 78f.

[476] Die Definition der IT-Organisation und ihrer Beziehungen gewährleistet die Erbringung der gewünschten IT-Services. Vgl. weiterführend Brand; Boonen (2004), S. 80f.

[477] Das Management der IT-Investitionen stellt die Finanzierung der Informationstechnik und die Kontrolle der Aufwendungen finanzieller Ressourcen sicher. Vgl. weiterführend Brand; Boonen (2004), S. 82f.

[478] Die Kommunikation der Management-Vorgaben sorgt für besseres Verständnis und gesteigertes Bewusstsein seitens der Benutzer im Hinblick auf die Zielsetzungen der Geschäftsführung. Vgl. weiterführend Brand; Boonen (2004), S. 84f.

[479] Aufgabe des Personal-Managements ist die Bereitstellung und Aufrechterhaltung eines motivierten und kompetenten Personalbestandes sowie die Maximierung seines Mitwirkens in Bezug auf die IT-Prozesse. Vgl. weiterführend Brand; Boonen (2004), S. 86f.

- **PO9**: Assess and manage risks (Risikobewertung)[481]

- **PO10**: Manage projects (Projektmanagement)[482]

- **PO11**: Manage quality (Qualitätsmanagement)[483]

Die Subprozesse zur Entwicklung und Implementierung neuer Prozesse oder Applikationen innerhalb der bestehenden IT-Infrastruktur sind Inhalt der COBIT-Hauptdomäne „Beschaffung und Einführung"[484]:

- **A1**: Identify automated solutions (Identifikation automatisierter Lösungen)[485]

- **A2**: Acquire and maintain application software (Beschaffung und Unterhalt von Anwendungssoftware)[486]

- **A3**: Acquire and maintain technology infrastructure (Beschaffung und Unterhalt der technologischen Architektur)[487]

- **A4**: Develop and maintain procedures (Entwicklung und Unterhalt von IT-Verfahren)[488]

---

[480] Der Prozess der Erfüllung externer Anforderungen sichert die Einhaltung rechtlicher und vertraglicher Auflagen. Vgl. weiterführend Brand; Boonen (2004), S. 88f.

[481] Risikobewertung und Risiko-Management unterstützen die Geschäftsleitung bei ihren Entscheidungen und leisten einen wichtigen Beitrag zum Erreichen der IT-spezifischen Ziele. Bedrohungen wird durch Komplexitätsreduzierung, Steigerung der Objektivität und Identifikation entscheidungsrelevanter Faktoren entgegengewirkt. Vgl. weiterführend Brand; Boonen (2004), S. 90f.

[482] Das Projekt-Management setzt Prioritäten für alle Projektaktivitäten fest und zielt dabei einerseits auf den termingerechten Projektabschluss im Rahmen des bewilligten Budgets und andererseits die Maximierung des Projektoutputs bei gleichzeitiger Kostenminimierung. Vgl. weiterführend Brand; Boonen (2004), S. 92f.

[483] Das Qualitätsmanagement sorgt für die Erfüllung der Kundenanforderungen und Steigerung der Kundenzufriedenheit. Die Kosteneffizienz gehört dabei zu den wichtigsten Rahmenbedingungen. Vgl. weiterführend Brand; Boonen (2004), S. 94f.

[484] Vgl. hierzu Bloem et al. (2006), S. 238. „A" steht hierbei nachfolgend für „Acquisition".

[485] Die Identifikation automatisierter Lösungen sorgt für eine effektive und effiziente Annäherung an die Erfüllung der Kundenanforderungen. Vgl. weiterführend Brand; Boonen (2004), S. 96f.

[486] Die Bereitstellung und Pflege der Software-Applikationen stellt automatisierte Funktionen zur Verfügung, welche zur effektiven Unterstützung der Geschäftsprozesse dienen. Vgl. weiterführend Brand; Boonen (2004), S. 98f.

[487] Die Bereitstellung und Pflege der IT-Infrastruktur stellt geeignete Plattformen zur Verfügung, welche die Anforderungen der Geschäftsapplikationen erfüllen müssen. Vgl. weiterführend Brand; Boonen (2004), S. 100f.

[488] Der Prozess der Entwicklung und Pflege von Prozeduren sichert den sachgerechten Umgang mit den Applikationen und den gewählten technologischen Lösungen. Vgl. weiterführend Brand; Boonen (2004), S. 102f.

- **A5**: Install and accredit systems (Installation und Akkreditierung von Systemen)[489]

- **A6**: Manage changes (Änderungswesen)[490]

Gegenstand der Hauptdomäne „Betrieb & Unterstützung" sind jene Subprozesse, welche die Aspekte Problem- und Incident-Management, Service-Level-Management, Konfigurationsmanagement, Kostenmanagement sowie IT-Sicherheit und IT-Performance innerhalb der IT-Governance abdecken[491]:

- **DS1**: Define and manage service levels (Definition und Management von Dienstleistungsgraden)[492]

- **DS2**: Manage third-party services (Handhabung der Dienste Dritter)[493]

- **DS3**: Manage performance and capacity (Leistungs- und Kapazitätsmanagement)[494]

- **DS4**: Ensure continous service (Sicherstellung der kontinuierlichen Dienstleistung)[495]

- **DS5**: Ensure systems security (Sicherstellung der Systemsicherheit)[496]

- **DS6**: Identify and allocate costs (Identifizierung und Zuordnung von Kosten)[497]

---

[489] Die Installation und Akkreditierung der Systeme gewährleistet die Zweckdienlichkeit der gewählten Lösungen. Vgl. weiterführend Brand; Boonen (2004), S. 104f.

[490] Das Change-Management minimiert die Wahrscheinlichkeiten für Störungen, unbefugte Änderungen und das Auftreten von Fehlern. Vgl. weiterführend Brand; Boonen (2004), S. 106f.

[491] Vgl. hierzu Bloem et al. (2006), S. 238. „DS" steht hierbei nachfolgend für „Delivery & Service".

[492] Die Definition und das Management von Service-Levels schafft ein umfassendes Verständnis der geforderten Dienstleistungsgütegrade. Vgl. weiterführend Brand; Boonen (2004), S. 108f.

[493] Das Management der Dienstleistungen von Dritten stellt sicher, dass Rollen und Verantwortlichkeiten seitens Dritter eindeutig definiert und befolgt werden und somit die gestellten Anforderungen erfüllen. Vgl. weiterführend Brand; Boonen (2004), S. 110f.

[494] Das Performanz- und Kapazitäts-Management zielt auf die Bereitstellung angemessener Kapazitäten sowie ihrem optimalen Einsatz zur Erfüllung der Leistungsanforderungen. Vgl. weiterführend Brand; Boonen (2004), S. 112f.

[495] Der Prozess der Sicherstellung der kontinuierlichen Dienstleistungserbringung gewährleistet die Verfügbarkeit der IT-Services und minimiert die Beeinträchtigung der Geschäftstätigkeiten durch nachhaltige Störungen. Vgl. weiterführend Brand; Boonen (2004), S. 114f.

[496] Die Sicherstellung der Systemsicherheit schützt Informationen gegen Missbrauch, unbefugte Bekanntgabe oder Modifikation sowie Zerstörung und Verlust. Vgl. weiterführend Brand; Boonen (2004), S. 116f.

- **DS7**: Educate and train users (Aus- und Weiterbildung von Benutzern)[498]

- **DS8**: Assist and advise customers (Unterstützung und Beratung von Kunden)[499]

- **DS9**: Manage the configuration (Konfigurationsmanagement)[500]

- **DS10**: Manage problems and incidents (Umgang mit Problemen und Zwischenfällen)[501]

- **DS11**: Manage data (Verwaltung von Daten)[502]

- **DS12**: Manage facilities (Verwaltung von Einrichtungen und Gebäuden)[503]

- **DS13**: Manage operations (Management der Produktion)[504]

Der Forderung der IT-Governance nach effizienter und unabhängiger Überwachung der IT-Prozesse stehen die Subprozesse der COBIT-Hauptdomäne „Überwachung" gegenüber[505]:

- **M1**: Monitor the processes (Überwachung der Prozesse)[506]

---

[497] Die Identifikation und Verteilung der Kosten sorgt für einen angemessenen Kenntnisstand über diejenigen Kosten, die im Zuge der Erbringung von IT-Services entstehen und ermöglichen somit optimale Entscheidungsfindungen in den Geschäftsbereichen. Vgl. weiterführend Brand; Boonen (2004), S. 118f.

[498] Die Ausbildung und das Training der Benutzer dienen dem effektiven Umgang mit der eingesetzten Technologie und den damit verbundenen Risiken und Verantwortlichkeiten. Vgl. weiterführend Brand; Boonen (2004), S. 120f.

[499] Die Unterstützung und Beratung der Kunden stellt sicher, dass auftretende Probleme durch den Benutzer in angemessener Weise gelöst werden können. Vgl. weiterführend Brand; Boonen (2004), S. 122f.

[500] Das Konfigurationsmanagement beschreibt sämtliche IT-Komponenten, verhindert unbefugte Änderungen, verifiziert die physikalische Existenz und bietet die Basis für ein fehlerfreies Change-Management. Vgl. weiterführend Brand; Boonen (2004), S. 124f.

[501] Das Problem- und Incident-Management gewährleistet die Auflösung von Problemen und Störungen sowie die Feststellung ihrer Ursachen zur Vermeidung eines erneuten Auftretens. Vgl. weiterführend Brand; Boonen (2004), S. 126f.

[502] Das Datenmanagement sorgt für vollständige, fehlerfreie und gültige Datenbestände während der Eingabe, des Updates und der Speicherung. Vgl. weiterführend Brand; Boonen (2004), S. 128f.

[503] Das Facility-Management stellt eine geeignete physische Umgebung zur Verfügung, welche Menschen und IT-Infrastruktur vor natürlichen und von Menschen geschaffenen Gefahren schützt. Vgl. weiterführend Brand; Boonen (2004), S. 130f.

[504] Das Management der Arbeitsabläufe hat das Ziel, die wesentlichen Support-Funktionen der Informationstechnik regelmäßig und ordnungsgemäß durchzuführen. Vgl. weiterführend Brand; Boonen (2004), S. 132f.

[505] Vgl. hierzu Bloem et al. (2006), S. 238. „M" steht hierbei nachfolgend für „Monitoring".

84

- **M2**: Assess internal control adequacy (Beurteilung der Angemessenheit der internen Kontrollen)[507]

- **M3**: Obtain independent assurance (Erlangen einer unabhängigen Bestätigung)[508]

- **M4**: Provide for independent audit (Gewährleistung unabhängiger Revision)[509]

4.3.3 IT-Governance mit COBIT

4.3.3.1 Beitrag von COBIT zur IT-Governance

COBIT bietet generell ein geeignetes Referenzmodell, um die Initiativen der IT-Governance in der Praxis umzusetzen[510] und die auf der Basis von ITIL umgesetzten Prozesse zu kontrollieren und zu überwachen.[511]

> "Anyone who doubts that everything is fine with IT accountability must get hold of the COBIT document and conduct an audit. We can say that COBIT outlines the most fundamental and detailed descriptions of the tasks and responsibilities that need to be considered in IT."[512]

Die betrachteten Prozesse können bei entsprechender Implementierung einen wesentlichen Beitrag zur Umsetzung von IT-Governance leisten, da sie die wesentlichen Aspekte der Risikominimierung und Qualitätssicherung (unter Berücksichtigung der Kostenminimierung) umfangreich erfassen. Für die praktische Umsetzung des COBIT-Framework wurde dafür eine Reihe eigener Tools integriert:

---

[506] Die Überwachung der Prozesse leistet einen wesentlichen Beitrag zum Erreichen der leistungsspezifischen Ziele der IT-Prozesse. Vgl. weiterführend Brand; Boonen (2004), S. 134f.

[507] Die Bewertung der Angemessenheit interner Kontrollen zielt auf das Erreichen der internen Kontrollziele ab, welche für die einzelnen IT-Prozesse definiert sind. Vgl. weiterführend Brand; Boonen (2004), S. 136f.

[508] Das Erreichen unabhängiger Zusicherung (durch unabhängige Kontrollen) erhöht das Vertrauen innerhalb der Organisation, seitens der Kunden und bei dritten Dienstleistungsunternehmen. Vgl. weiterführend Brand; Boonen (2004), S. 138f.

[509] Die Gewährleistung unabhängiger Prüfungen steigert das Vertrauensniveau und ermöglicht es, von den Vorteilen einer Best-Practice Beratung zu profitieren. Vgl. weiterführend Brand; Boonen (2004), S. 140f.

[510] Vgl. Zarnekow et al. (2005), S. 62.

[511] Vgl. Zarnekow et al. (2005), S. 63.

[512] Bloem et al. (2006), S. 236.

- Das **Implementation Tool Set** bietet Methoden zur Fehlerdiagnose und Eigenbewertung an.[513]

- Die **Management Guidelines** beinhalten Reifemessungen, Performanz-Metriken und kritische Erfolgsfaktoren.[514] COBIT führt hierzu ein Reifemodell ein, mit dem Organisationen jedem Prozess einen eigenen Reifegrad zuordnen und geeignete Maßnahmen zur Erreichung eines höheren Reifegrades identifizieren können. [515]

- Der **IT Governance Implementation Guide Using COBIT**[516] dient als Anleitung zur Implementierung der erforderlichen Prozesse.

Eine der wesentlichen Stärken von COBIT ist darüber hinaus die effiziente Offenlegung und Überwachung von Verantwortlichkeiten in Bezug auf das Management der IT-Prozesse.[517] Hinsichtlich der SECTIONS 302 und 404 des Sarbanes-Oxley Act sind die COBIT-Prozesse M2 (Assess internal control adequacy) und M4 (Provide for independent audit) besonders hervor zu heben. Der Prozess M2 wird organisationsintern ausgeführt und dient zur Bewertung der Angemessenheit der internen Kontrollen und besteht aus folgenden Kontrollzielen (Control Objectives)[518]:

- **M2 / 2.1:** Internal control monitoring (Überwachung der internen Kontrollen)

- **M2 / 2.2:** Timely operation of internal controls (Rechtzeitigkeit des Betriebes interner Kontrollen)

- **M2 / 2.3:** Internal control level reporting (Berichterstattung über den Wirkungsgrad der internen Kontrollen)

- **M2 / 2.4:** Operational security and internal control Assurance (Betriebliche Sicherheit und Bestätigung der internen Kontrollen)

---

[513] Vgl. Brenner et al. (2003), S. 51 sowie Brand; Boonen (2004), S. 143.

[514] Vgl. hierzu Brand; Boonen (2004), S. 143.

[515] Vgl. Zarnekow et al. (2005), S. 63.

[516] Vgl. Brand; Boonen (2004), S. 143.

[517] Vgl. hierzu Bloem et al. (2006), S. 237.

[518] Vgl. zu nachfolgender Aufzählung IT Governance Institute; Office of Government Commerce (2005), S. 56.

Der Prozess M4 dient zur Gewährleistung unabhängiger Revisionen zur Erhöhung von Vertrauensgraden und beinhaltet die folgenden Kontrollziele[519]:

- **M4 / 4.1:** Audit charter (Revisionsstatut)

- **M4 / 4.2:** Independence (Unabhängigkeit)

- **M4 / 4.3:** Professional ethics and standards (Berufsethik, Berufsstandards)

- **M4 / 4.4:** Competence (Kompetenz)

- **M4 / 4.5:** Planning (Planung)

- **M4 / 4.6:** Performance of audit work (Durchführung der Revisionstätigkeiten)

- **M4 / 4.7:** Reporting (Berichterstattung)

- **M4 / 4.8:** Follow-up activities (Folgeaktivitäten, Nachrevision)

4.3.3.2 Grenzen von COBIT in Bezug auf die IT-Governance

Im Rahmen der Analyse eröffnen sich jedoch auch Ansätze zu Kritik. COBIT erlaubt keine schematische Betrachtung von Inputs und Outputs der einzelnen Prozesse[520] und verzichtet auf die Aufführung konkreter Managementinstrumente.[521] Dies verhindert eine genaue Analyse der Prozessbeziehungen und lässt somit die Umsetzung der Aktivitäten innerhalb der Prozesse im Unklaren.[522] Rollendefinitionen sind nur ansatzweise vorhanden, so dass die Abgrenzung von Verantwortlichkeits- und Zuständigkeitsbereichen ein schwieriges Unterfangen bleibt.[523] Gerade Rollen- und Berechtigungskonzepte für Arbeitsabläufe und Kontrollen werfen große Probleme auf, sobald sie nicht mit den Anforderungen des Sarbanes-Oxley Act konform sind. Dies zeigt sich insbesondere in den Bereichen Funktionstrennung, Zugriffskontrolle und Schnittstellenüberwachung.[524]

---

[519] Vgl. zu nachfolgender Aufzählung IT Governance Institute; Office of Government Commerce (2005), S. 58.

[520] Vgl. Brenner et al. (2003), S. 51.

[521] Vgl. Zarnekow et al. (2005), S. 63.

[522] Vgl. Zarnekow et al. (2005), S. 63 sowie Brenner et al. (2003), S. 51.

[523] Vgl. Zarnekow et al. (2005), S. 63 sowie Brenner et al. (2003), S. 51.

[524] Vgl. hierzu Menzies et al. (2005), S. 22.

5 Zusammenfassung

Gesetzliche Regelungen wie der Sarbanes-Oxley Act stellen neue und verschärfte Anforderungen an den Umgang mit der Informationstechnik in Wirtschaft und Verwaltung. Insbesondere der Informationsverarbeitung kommt hierbei eine zentrale Rolle zu. Im Rahmen der unternehmerischen Finanzberichterstattung wird ein Großteil des Datenflusses durch IT-Systeme und –Anwendungen verarbeitet.[525] Hierdurch entsteht die Notwendigkeit, IT-Governance in den betroffenen Unternehmen und Organisationen in effektiver Weise umzusetzen, so dass letztlich eine Konformität mit den Rahmenbedingungen erreicht wird. Je nach Ausgangssituation muss IT-Governance entweder von Grund auf eingeführt oder an neue Erfordernisse angepasst werden. In beiden Fällen handelt es sich jedoch um einen anspruchsvollen und strategisch komplexen Prozess, der sich sowohl auf Organisations- als auch auf Geschäftsprozessebene nachhaltig auswirkt. So stellt sich beispielsweise die Frage, welche Maßnahmen im Rahmen der Anpassung der IT-Governance an bestehende und zukünftig zu erwartende Regelungen ergriffen werden sollen und inwiefern sich hieraus bietende Chancen genutzt werden können.[526] Da es in der Regel im Ermessen der Verantwortlichen selbst liegt, wie und mit welchen Methoden IT-Governance umgesetzt wird, ergeben sich hierdurch individuelle Nutzenpotentiale. Die Auswahl geeigneter Werkzeuge muss sich jedoch zunächst an den primären Forderungen der IT-Governance orientieren, welche die Ausrichtung der IT auf die Geschäftsprozesse bei gleichzeitiger Minimierung der IT-bedingten Risiken verlangen. Die Umsetzung dieser Forderungen ist daher Grundvoraussetzung für das Erreichen der angestrebten Konformität.

Aus theoretischer Sicht bietet das IT-Qualitätsmanagement alle Voraussetzungen für eine effektive Umsetzung von IT-Governance. Sie integrieren Funktionen und Methoden sowohl zur strategischen Ausrichtung der IT als auch zur effizienten Umsetzung eines Risiko-Managements. Kostenaspekte werden dabei ebenfalls berücksichtigt. In der Praxis jedoch erfüllen die bekannten Standards die gestellten Anforderungen nicht in vollem Umfang. Es zeigen sich mehr oder minder dichte „Grauzonen" innerhalb der empfohlenen Prozesse und Strategien, die teils hohen Interpretationsbedarf zur Folge haben.

---

[525] Vgl. hierzu Menzies et al. (2005), S. 21.

[526] Vgl. hierzu Deloitte & Touche (2005c), S. 1.

Die IT Infrastructure Library (ITIL) kann zurecht als de-facto Standard des IT-Qualitätsmanagements betrachtet werden. Ungeachtet des bereits hohen Verbreitungsgrades erfreut sich ITIL besonders im Bereich des Geschäftsprozess-Managements stetig wachsender Akzeptanz. Auch auf dem Gebiet der IT-Governance kann ITIL bei entsprechend optimierter Anwendung einen wesentlichen Beitrag zur Umsetzung leisten. Ein klarer Nachteil muss jedoch darin gesehen werden, dass die offerierten Best-Practice Methoden mangels eindeutiger Anweisungen kaum effektiv in die Praxis umsetzbar sind. Nicht zuletzt der hohe Interpretationsbedarf bei der Umsetzung lässt die Konformität mit dem Sarbanes-Oxley Act verfehlen.

Die Control Objectives for Information and Related Rechnology (COBIT) werden oftmals als Standard für die IT-Governance bezeichnet. Tatsächlich kann COBIT einige der Lücken schließen, die sich bei ITIL offenbart haben. So eignen sich die in COBIT definierten Kontrollziele zur effektiven Überwachung und Kontrolle der mit ITIL umgesetzten Prozesse. Obgleich es sich um einen Standard handelt, der speziell für die nachhaltige Umsetzung von IT-Governance konzipiert wurde, werden auch hier Schwachstellen erkennbar. Es muss daher zumindest in Frage gestellt werden, ob IT-Governance mit COBIT jederzeit den Anforderungen des Sarbanes-Oxley Act gerecht werden kann. Somit erscheint die Anwendung von COBIT im Zuge der Umsetzung von IT-Governance als notwendige Maßnahme, die jedoch in speziellen Fällen nicht unbedingt ausreichend ist.

ITIL und COBIT können einerseits strukturell nicht eins zu eins auf einander abgebildet werden, weisen andererseits jedoch sehr deutliche Parallelen auf. So können die feiner granulierten COBIT-Prozesse Definitionslücken in den ITIL-Modulen schließen, ITIL dagegen kann Schwächen in den Rollendefinitionen von COBIT kompensieren. Obgleich keiner der beiden Standards alle Anforderungen der IT-Governance vollständig erfüllen kann, lassen sich durch ihre Kombination eine Reihe nützlicher Synergieeffekte erzielen. Eine effiziente Lösung kann folglich im kombinierten Einsatz der Standards ITIL und COBIT gesehen werden, wobei eine optimale Abstimmung durch geeignete Schnittstellen notwendige Voraussetzung ist.

Anhang

A (1) Sarbanes-Oxley Act of 2002, SECTION 302:

"SEC. 302. CORPORATE RESPONSIBILITY FOR FINANCIAL REPORTS.

(a) REGULATIONS REQUIRED.—The Commission shall, by rule, require, for each company filing periodic reports under section 13(a) or 15(d) of the Securities Exchange Act of 1934 (15 U.S.C. 78m, 78o(d)), that the principal executive officer or officers and the principal financial officer or officers, or persons performing similar functions, certify in each annual or quarterly report filed or submitted under either such section of such Act that—

(1) the signing officer has reviewed the report;

(2) based on the officer's knowledge, the report does not

contain any untrue statement of a material fact or omit to state a material fact necessary in order to make the statements made, in light of the circumstances under which such statements were made, not misleading;

(3) based on such officer's knowledge, the financial statements, and other financial information included in the report, fairly present in all material respects the financial condition and results of operations of the issuer as of, and for, the periods presented in the report;

(4) the signing officers—

(A) are responsible for establishing and maintaining internal controls;

(B) have designed such internal controls to ensure that material information relating to the issuer and its consolidated subsidiaries is made known to such officers by others within those entities, particularly during the period in which the periodic reports are being prepared;

(C) have evaluated the effectiveness of the issuer's internal controls as of a date within 90 days prior to the report; and

(D) have presented in the report their conclusions about the effectiveness of their internal controls based on their evaluation as of that date;

(5) the signing officers have disclosed to the issuer's auditors and the audit committee of the board of directors (or persons fulfilling the equivalent function)—

(A) all significant deficiencies in the design or operation of internal controls which could adversely affect the issuer's ability to record, process, summarize, and report financial data and have identified for the issuer's auditors any material weaknesses in internal controls; and

(B) any fraud, whether or not material, that involves management or other employees who have a significant role in the issuer's internal controls; and

(6) the signing officers have indicated in the report whether or not there were significant changes in internal controls or in other factors that could significantly affect internal controls subsequent to the date of their evaluation, including any corrective actions with regard to significant deficiencies and material weaknesses.

(b) FOREIGN REINCORPORATIONS HAVE NO EFFECT.—Nothing in this section 302 shall be interpreted or applied in any way to allow any issuer to lessen the legal force of the statement required under this section 302, by an issuer having reincorporated or having engaged in any other transaction that resulted in the transfer of the corporate domicile or offices of the issuer from inside the United States to outside of the United States.

(c) DEADLINE.—The rules required by subsection (a) shall be effective not later than 30 days after the date of enactment of this Act."[527]

---

[527] Sarbanes-Oxley Act of 2002 (SOX), S. 33f.

A (2) Sarbanes-Oxley Act of 2002, SECTION 404:

"SEC. 404. MANAGEMENT ASSESSMENT OF INTERNAL CONTROLS.

(a) RULES REQUIRED.—The Commission shall prescribe rules requiring each annual report required by section 13(a) or 15(d) of the Securities Exchange Act of 1934 (15 U.S.C. 78m or 78o(d)) to contain an internal control report, which shall—

(1) state the responsibility of management for establishing and maintaining an adequate internal control structure and procedures for financial reporting; and

(2) contain an assessment, as of the end of the most recent fiscal year of the issuer, of the effectiveness of the internal control structure and procedures of the issuer for financial reporting.

(b) INTERNAL CONTROL EVALUATION AND REPORTING.—With respect to the internal control assessment required by subsection (a), each registered public accounting firm that prepares or issues the audit report for the issuer shall attest to, and report on, the assessment made by the management of the issuer. An attestation made under this subsection shall be made in accordance with standards for attestation engagements issued or adopted by the Board. Any such attestation shall not be the subject of a separate engagement."[528]

---

[528] Sarbanes-Oxley Act of 2002 (SOX), S. 45.

Literaturverzeichnis

BAUMS, THEODOR (Hrsg.) (2001): Bericht der Regierungskommission „Corporate Governance" – Unternehmensführung – Unternehmenskontrolle – Modernisierung des Aktienrechts, Deutscher Bundestag Drucksache 14/7515 (2001-08-14, Abruf: 2005-12-09) unter: http://dip.bundestag.de/btd/14/075/1407515.pdf

BECKER, JÖRG; KÖNIG, WOLFGANG; SCHÜTTE, REINHARD; WENDT, OLIVER; ZELEWSKI, STEPHAN (Hrsg.) (1999): Wirtschaftsinformatik und Wissenstheorie – Bestandsaufnahme und Perspektiven, Wiesbaden [Gabler], 1999.

BECKER, JÖRG; KUGELER, MARTIN; ROSEMANN, MICHAEL (2002): Prozessmanagement, 3. Aufl., Berlin u.a. [Springer], 2002.

BECKER, JÖRG (2004) : Referenzmodellierung – Aktuelle Methoden und Modelle, in: Wirtschaftsinformatik 46 (2004) 5, S. 325-326.

BERLINER INITIATIVKREIS GERMAN CODE OF CORPORATE GOVERNANCE (2000): German Code of Corporate Governance (GCCG), vorgelegt vom Berliner Initiativkreis German Code of Corporate Governance (2000-06-06, Abruf: 2005-12-08) unter: http://www.gccg.de/deu_German-Code-of-Corporate-Governance.pdf

BERNHARD, MARTIN-G.; BLOMER, R.; BONN, J. (Hrsg.) (2003): Strategisches IT-Management Band 1 - Organisation – Prozesse – Referenzmodelle, 1. Aufl., Düsseldorf [Symposion], 2003.

BERNHARD, MARTIN-G.; LEWANDOWSKI, WINFRIED; MANN, HARTMUT (Hrsg.) (2004): Service-Level-Management in der IT, 5. Aufl., Düsseldorf [Symposion], 2004.

BLOEM, JAAP; VAN DOORN, MENNO; MITTAL, PIYUSH (2006): Making IT Governance Work in a Sarbanes-Oxley World, Hoboken, New Jersey [Jon Wiley & Sons], 2006.

BLOSCH, MARCUS; HUNTER, RICHARD (2004): Sarbanes-Oxley: An External Look at Internal Controls, Gartner Group EXP CIO Signature (Abruf: 2005-12-14) unter: http://www.gartner.com/resources/122000/122089/executive_summa.pdf

BRAND, KOEN; BOONEN, HARRY (2004): IT Governance based on COBIT – A Pocket Guide, 1st edition, Zaltbommel (NL) [Van Haren Publishing], 2004.

BRENNER, WALTER; MEIER, ANDREAS; ZARNEKOW, RÜDIGER (Hrsg.) (2003): Strategisches IT-Management, in: Praxis der Wirtschaftsinformatik, HMD 232, Heidelberg [dpunkt], 2003.

BROADBENT, MARIANNE (2003): Executive Summary: Tailor IT-Governance to Your Enterprise, Gartner Group EXP Club Research, October 2003 (Abruf: 2005-12-14) unter:

http://www.gartner.com/resources/117500/117510/executive_summa.pdf

BSI (Hrsg.) (2005): ITIL und Informationssicherheit – Möglichkeiten und Chancen des Zusammenwirkens von IT-Sicherheit und IT-Service-Management, im Auftrag des Bundesamtes für Sicherheit in der Informationstechnik (BSI) erstellte Studie der HiSolutions AG, Berlin (Abruf: 2005-11-02) unter: http://www.bsi.de/literat/studien/ITinf/itil.pdf

DELOITTE & TOUCHE (2004): Sarbanes-Oxley Section 404: 10 Threats to Compliance (Abruf: 2005-12-14) unter:

http://www.deloitte.com/dtt/cda/doc/content/ca_ERS_TenThreats_Sept2004.pdf

DELOITTE & TOUCHE (2005a): Are You sitting comfortably? 2005 IT Governance Survey Findings (Abruf: 2005-12-07) unter:

http://www.deloitte.com/dtt/cda/doc/content/UK_ERS_ITGovernanceSurvey_2005.pdf

DELOITTE & TOUCHE (2005b): Sleep easy. Giving you peace of mind over technology governance (Abruf: 2005-12-07) unter:

http://www.deloitte.com/dtt/cda/doc/content/UK_August05_TA_SleepEasy%281%29.pdf

DELOITTE & TOUCHE (2005c): Sarbanes-Oxley Act: Impuls zur Weiterentwicklung der Corporate Governance in Europa (Abruf: 2006-01-20) unter: http://www.deloitte.com/dtt/cda/doc/content/DE_C_CFO_SOX_250605%281%29.pdf

DEPARTMENT OF LABOR (DOL): The Employee Retirement Income Security Act (ERISA) (Abruf: 2006-02-01) unter: http://www.dol.gov/compliance/laws/comp-erisa.htm

DIERCKS, HANS-JOACHIM (2004): Itil: Bewährtes in neuem Licht, in: Computerwoche 26 (2004), S. 36-37.

DÖRNER, DIETRICH (2003): Entwicklung der Corporate Governance in Deutschland unter Berücksichtigung der Auswirkungen des Sarbanes-Oxley Act, 3. Aufl., Frankfurt am Main, Ernst & Young, 2003.

DOLLINGER, BERND F.; SCHMIDT, RAINER (2004): IT-Service Management: ITIL-Anwendung und Tools – Prozesse lernen laufen, in: IT Fokus 11/12 (2004), S. 12-16.

DOMSCHKE, WOLFGANG; SCHOLL, ARMIN; VOß, STEFAN (1997): Produktionsplanung – Ablauforganisatorische Aspekte, 2. überarbeitete und erweiterte Aufl., Berlin u.a. [Springer], 1997.

ECKERT, CLAUDIA (2003): IT-Sicherheit – Konzept – Verfahren – Protokolle, 2., überarbeitete und erweiterte Aufl., München Wien [Oldenbourg Verlag], 2003.

ERNST & YOUNG; F.A.Z. INSTITUT (2005): Die deutsche Wirtschaft im Spannungsfeld der neuen regulatorischen Anforderungen – Gespräche mit führenden Persönlichkeiten aus Wirtschaft, Politik und Wissenschaft, Frankfurt am Main [F.A.Z. Institut, Ernst & Young], 2005.

GADATSCH, ANDREAS (2001): Management von Geschäftsprozessen – Methoden und Werkzeuge für die IT-Praxis: Eine Einführung für Studenten und Praktiker, 1. Aufl., Braunschweig Wiesbaden [Vieweg], 2001.

GOUGE, IAN (2003): e-Management – The impact of e-Business on Today´s IT Manager, Berlin et al. [Springer], 2003.

GOVERNMENT ACCOUNTABILITY OFFICE (2006): What is GAO? (Abruf: 2006-01-06) unter: http://www.gao.gov/about/what.html

HABERMANN, FRANK (2001): Management von Geschäftsprozesswissen – IT-basierte Systeme und Architektur, in: Schriften zur EDV-orientierten Betriebswirtschaft, hrsg. von A.-W. Scheer, 1. Aufl., Wiesbaden [DUV], 2001.

HANSEN, WOLFGANG; KAMISKE, GERD F. (Hrsg.) (2002): Qualität und Wirtschaftlichkeit – QM-Controlling: Grundlagen und Methoden, 2. Aufl., Düsseldorf [Symposion], 2002.

HILPISCH, YVES (2005): Kapitalmarktorientierte Unternehmensführung – Grundlagen der Finanzierung, Wertorientierung und Corporate Governance, 1. Aufl., Wiesbaden [Gabler], 2005.

HIRSHEY, MARK; JOHN, KOSE; MAKHIJA, ANIL K. (Hrsg.) (2003): Corporate Governance and Finance, Advances in Financial Economics, Volume 8, 1st Ed., Amsterdam u.a. [JAI Press], 2003.

HOCHSTEIN, AXEL; BRENNER, WALTER ; ZARNEKOW, RÜDIGER (2004) : ITIL als Common-Practice-Referenzmodell für das IT-Service-Management – Formale Beurteilung und Implikation für die Praxis, in: Wirtschaftsinformatik 46 (2004) 5, S. 382-389.

INFORMATION SYSTEMS AUDIT AND CONTROL ASSOCIATION (2006): COBIT 4.0 Frequently Asked Questions (Abruf: 2006-01-11) unter:
http://www.isaca.org/Template.cfm?Section=Home&CONTENTID=22287&TEMPLA TE=/ContentManagement/ContentDisplay.cfm

IT GOVERNANCE INSTITUTE (2003): Board Briefing on IT-Governance, 2nd Edition (Abruf: 2005-12-02) unter:
http://www.isaca.org/Content/ContentGroups/ITGI3/Resources1/Board_Briefing_on_IT _Governance/26904_Board_Briefing_final.pdf

IT GOVERNANCE INSTITUTE (2004a): IT Governance Global Status Report (Abruf: 2005-12-02) unter:
http://www.itgi.org/Template_ITGI.cfm?Section=ITGI&CONTENTID=22877&TEMP LATE=/ContentManagement/ContentDisplay.cfm

IT GOVERNANCE INSTITUTE (2004b): IT Control Objectives for Sarbanes-Oxley – The Importance of IT in the Design, Implementation and Sustainability of Internal Control over Disclosure and Financial Reporting (April 2004, Abruf: 2005-12-07) unter: http://www.isaca.org/Content/ContentGroups/Research1/Deliverables/IT_Control_Obje ctives_for_Sarbanes-Oxley_7july04.pdf

IT GOVERNANCE INSTITUTE (2005): COBIT® 4.0 – The newest Evolution of Control Objectives for Information and Related Technology (Abruf: 2005-12-07) unter: http://www.isaca.org/Content/NavigationMenu/Members_and_Leaders/COBIT6/Obtain _COBIT/COBIT40-Brochure.pdf

IT GOVERNANCE INSTITUTE; OFFICE OF GOVERNMENT COMMERCE (2005): Aligning COBIT®, ITIL® and ISO 17799 for Business Benefit (Abruf: 2005-12-02) unter: http://www.isaca.org/Template.cfm?Section=Home&Template=/ContentManagement/C ontentDisplay.cfm&ContentID=22490

IT SERVICE MANAGEMENT FORUM (2006): The IT Service Management Forum (itSMF) – About - Index (Abruf: 2006-03-29) unter: http://www.itsmf.de/about/index.asp

JOST, WOLFRAM (1993): EDV-gestützte CIM-Rahmenplanung, Wiesbaden [Gabler], 1993.

KIESER, ALFRED; WALGENBACH, PETER (2003): Organisation, 4., überarbeitete und erweiterte Aufl., Stuttgart [Schäffer-Poeschel], 2003.

KNÖPP, MARCO; DIERCKS, HANS-JOACHIM; ALTWASSER, VOLKER (2005): ITIL im Mittelstand erfolgreich und einfach umsetzen, Kissing [Interest], 2005.

KÖHLER, PETER T. (2005): ITIL – Das IT-Servicemanagement Framework, Berlin u.a. [Springer], 2005.

KPMG (2003a): Sarbanes-Oxley Management, Section 404: Assessment of Internal Control and the Purposed Auditing Standards (Abruf: 2006-01-30) unter: http://www.kpmg.de/library/pdf/030324_SOX404_Management_Assessment_en.pdf

KPMG (2003b): Sarbanes-Oxley: A Closer Look (Abruf: 2006-01-30) unter: http://www.kpmg.de/library/pdf/030218_SOX_A_Closer_Look_en.pdf

KPMG (2004): Defining Issues No. 04-4: PCAOB Approves Standard for Audits of Internal Control (Abruf: 2006-01-30) unter:

http://www.kpmg.de/library/pdf/040316_Defining_Issues_04_4_en.pdf

KPMG (2005): Sarbanes-Oxley Act of 2002, SOX 404 – Internal Control over financial reporting (Abruf: 2006-01-30) unter: http://www.kpmg.de/topics/Sarbanes-Oxley_8453.htm

KRCMAR, HELMUT; BURESCH, ALEXANDER; REB, MICHAEL (Hrsg.) (2000): IV-Controlling auf dem Prüfstand – Konzept – Benchmarking – Erfahrungsberichte, Wiesbaden [Gabler], 2000.

Kresse, Michael; Bause, Markus; Nissen, Sönke; Kresse, Hans-Jürgen; Ernst, Matthias; Franke, Holger; Schneider, Torsten; Langer, Michael; Swidlowski, Sascha; Alt, Katrin; Rosenow, Dirk (2005): IT Service Management – Advanced Pocket Book, Band I: Fokus ITIL, 1. Aufl., Bad Homburg, Serview GmbH, 2005.

KRIMMLING, JÖRN (2005): Facility Management – Struktur und methodische Instrumente, Stuttgart [Fraunhofer IRB], 2005.

LANDER, GUY P. (2004): What is Sarbanes-Oxley?, New York et al. [McGraw Hill], 2004.

LINGG, KURT; SCHEURING, JOHANNES (2003): IT-Organisationen konzipieren und umsetzen (200) – Grundlagen und Hinweise zur aktuellen Praxis, mit Repetitionsfragen und Lösungen, 1. Aufl., Zürich [Compendio Bildungsmedien], 2003.

MENZIES, CHRISTOF; HEINZE, THOMAS; BECKER, NIKI (2005): Sarbanes-Oxley Act: Mit IT-Unterstützung zur nachhaltigen Umsetzung, in: Information Management & Consulting 20 (2005) 4, S. 20-23.

MINGAY, SIMON; BITTINGER, STEVE (2002): Combine CobiT and ITIL for Powerful IT Governance, Gartner Group Research Note, Tactical Guidelines TG-16-1849 (2002-06-10, Abruf: 2005-12-12) unter:

http://gartner.metrostate.edu/research/107300/107369/107369.pdf

MONKS, ROBERT A.G.; MINOW, NEILL (2004): Corporate Governance, 3rd Edition, Malden et al. [Blackwell], 2004.

NIPPA, MICHAEL; PICOT, ARNOLD (Hrsg.) (1995): Prozeßmanagement und Reengineering – Die Praxis im deutschsprachigen Raum, Frankfurt am Main; New York [Campus], 1995.

NIPPA, MICHAEL; PETZOLD, KERSTIN; KÜRSTEN WOLFGANG (Hrsg.) (2002): Corporate Governance: Herausforderungen und Lösungsansätze, Heidelberg [Physica-Verlag], 2002.

PRENTICE, ROBERT (2005): Student Guide to the Sarbanes-Oxley Act, Mason (USA), [Thomson], 2005.

PRICEWATERHOUSECOOPERS (2005a): How to move your company to sustainable Sarbanes-Oxley compliance – from project to process, PricewaterhouseCoopers Publication (Abruf: 2005-12-13) unter:

http://www.pwcglobal.com/Extweb/pwcpublications.nsf/docid/31F021B503599603852 56FF60056C4B6/$file/Sustainability_050605c_FINAL.pdf

PRICEWATERHOUSECOOPERS (2005b): Finding the Silver Lining: How Private Companies Can Benefit from the New Governance and Disclosure Standards, PricewaterhouseCoopers Publication (Abruf: 2005-12-13) unter: http://www.pwcglobal.com/extweb/pwcpublications.nsf/docid/3B79ECB3FEFACFD08 5256F94005D5098/$file/finding_the_silver_lining.pdf

RECHKEMMER, KUNO (2003): Corporate Governance: Informations- und Früherkennungssystem, München Wien [Oldenbourg], 2003.

SARBANES-OXLEY ACT OF 2002 (SOX), (2002-07-30, Abruf: 2005-11-02) unter: http://www.sec.gov/about/laws/soa2002.pdf

SCHEER, AUGUST-WILHELM (1997): Wirtschaftsinformatik: Referenzmodelle für industrielle Geschäftsprozesse, 2. Aufl., Berlin u.a. [Springer], 1997.

SCHEER, AUGUST-WILHELM (1998): ARIS – Vom Geschäftsprozeß zum Anwendungssystem, 3. Aufl., Berlin u.a. [Springer], 1998.

SCHEER, AUGUST-WILHELM (2002): ARIS – Vom Geschäftsprozess zum Anwendungssystem, 4., durchgesehene Aufl., Berlin u.a. [Springer], 2002.

SCHEWE, GERHARD (2005): Unternehmensverfassung – Corporate Governance im Spannungsfeld von Leitung, Kontrolle und Interessenvertretung, Berlin u.a. [Springer], 2005.

SCHULZE, JAN (2004): Ausrichtung der Organisation an Itil: Der Weg zum effektiven IT-Service-Center, in: Computerwoche 26 (2004), S. 38-39.

SCHWARZE, JOCHEN (2000): Einführung in die Wirtschaftsinformatik, 5. Aufl., Herne Berlin [Verl. Neue Wirtschafts-Briefe], 2000.

SECURITIES AND EXCHANGE COMMISSION (2005): Introduction – The SEC: What We Are, What We Do (Abruf: 2005-12-14) unter:

http://www.sec.gov/about/whatwedo.shtml

STAEHLE, WOLFGANG H. (1999): Management – Eine verhaltenswissenschaftliche Perspektive, 8. Aufl., München [Vahlen], 1999.

STEIN, TORSTEN (1996): PPS-Systeme und organisatorische Veränderungen – Ein Vorgehensmodell zum wirtschaftlichen Systemeinsatz, Berlin u.a. [Springer], 1996.

THOMMEN, JEAN-PAUL (2000): Managementorientierte Betriebswirtschaftslehre, 6., aktualisierte und ergänzte Aufl., Zürich [Versus], 2000.

VIEWEG, HANS-GÜNTHER; REINHARD, MICHAEL; WEICHENRIEDER, ALFONS; MEISENZAHL, RALF; NOWACK, BENT (2003): ifo Beiträge zur Wirtschaftsforschung – Finanzmärkte, Corporate Governance, IuK-Technologien: Treibende Faktoren für den Wandel in der Industrie, München, ifo Institut für Wirtschaftsforschung, 2003.

WALTHER, JOHANNES; BUND, MARTINA (Hrsg.) (2001): Supply Chain Management –
Neue Instrumente zur kundenorientierten Gestaltung integrierter Lieferketten, 1. Aufl.,
Frankfurt [Frankfurter Allg. Buch], 2001.

ZARNEKOW, RÜDIGER; BRENNER, WALTER; PILGRAM, UWE (2005): Integriertes
Informationsmanagement – Strategien und Lösungen für das Management von IT-
Dienstleistungen, Berlin u.a. [Springer], 2005.

ZIMMERMANN, KLAUS (2003): Supply Chain Balanced Scorecard –
Unternehmensübergreifendes Management von Wertschöpfungsketten, 1. Aufl.,
Wiesbaden [DUV], 2003.